人生是用來體驗的

不是要演繹完美的

李夢霽——著

有生之年，盡興而活

生命的過程，
無論是陽春白雪，青菜豆腐，
我都得嘗嘗是什麼滋味，
才不枉來走這麼一遭。

——三毛《撒哈拉的故事》

目　錄

序言：人間一場，盡興體驗

01

最近在讀毛姆，他說，一個作家能寫出什麼樣的作品，取決於他是怎樣的人。

落筆寫處女作《一生欠安》時，我 19 歲，寫魯迅的原配妻子朱安、梅蘭芳的情人孟小冬、宋子文的初戀盛七小姐……在一場民國舊夢裡，化身悲情女主角，看她們被冷待、被辜負、被背叛，深情錯付，無一人得善終。

對愛情、對男人、對婚姻，我滿紙質問。

到第 3 部作品《允許一切發生》上市時，我 29 歲，經過 10 年江湖浪打——叛逆退學、餓過肚子、失過業、上過法庭、閃婚又離婚、進體制又裸辭、走過一百個城市……我在書裡寫道：「真正的強大不是對抗，而是允許一切發生。允許一切如其所是，允許一切事與願違」。

我更獨立，也更鬆弛，於世間，再無執念。

這兩本書累計賣了 50 餘萬冊，《允許一切發生》還在加印，算得上「現象級」暢銷，但它們的內容和風格截然不同。

我從事過 7 年出版行業，深知一個作家的寫作生涯非常有限，不應頻頻轉換賽道，寫傳記的人改寫勵志，有很大的機率會翻車，但我卻有幸逃過這個「鐵律」。

除了承蒙讀者不棄，更因這些文字呈現了彼時最真實的我。

正如毛姆所說，怎樣的人，就會寫怎樣的書。

19 歲的我，是黛玉般的女子，鬱鬱寡歡，多愁善感，愛上一個求而不得的人，老讀者們都記得，我對感情惜墨如金，獨獨提過一個騎單車穿校服的男孩。

我寫苦戀，寫癡纏，寫掙扎，肝腸寸斷，長夜輾轉，皆是真事。

　　10 年，足夠讓一顆心臟盛下更多山河，我見過天地，見過自己，也見過眾生。

　　由著性子做事，不想考研，離家出走開始「北漂」；出租屋停電，去五星級酒店揮霍一晚；不喜歡出版商的選題方向，甘於放棄巨額版稅；受不了公司的勾心鬥角，就背包走人，一個人去歐洲旅居許久……寫了《允許一切發生》，因為這就是我最真實的寫照。

　　沒那麼勤勉，沒那麼緊迫，我慢悠悠的養貓、養花，甚至搬離生活了 7 年的北京，沒什麼特別的原因，只是「待膩了」。

　　往後餘生，只想到處走走，寫幾本書，好好去愛，做一個地球觀光客、人生體驗家，把自己活明白。

02

寫這本新書，是機緣巧合。

有位編輯前輩和我聊天，談到渡邊淳一的新書，聊起柔與韌。

他說：「看到這個詞，會想到你，外表永遠溫柔愛笑，像沒有稜角，內心卻像藤蔓，歷遍淒風苦雨，千帆過盡，野火燒不盡，春風吹又生。」

我被這段話擊中，於是提筆。

「柔」、「韌」，這兩個字都是我，或者說，是我的理想化人格。

心剛百病起，念柔萬邪息——不是未經滄桑，而是將往事與命運的殘忍、破碎、痛楚悄然溶解，像時間、像海洋，包容一切、消解一切，把心底的坑坑洞洞都變成人生旅程中

柔美靜謐的部分，期待餘生的晴雨，並且接納。

更年輕一點的我，是一個絕不低頭的人，為人張揚強勢，鋒芒畢露，為此得罪了不少人。年過而立，漸漸柔軟，在朋友圈子裡成了脾氣好、性子軟、情緒穩定的人。

老子有云：「齒以剛亡，舌以柔存。」舌頭因柔軟而永存，牙齒因剛強才脫落。

柔軟不是怯懦、弱勢，而是面對疾風驟雨不疾不徐，面對人聲嘈雜堅定自我，面對評判褒貶寵辱不驚；柔軟也不是迴避衝突、逃避困難，而是在平和、平衡、平靜中達成所願，明確自己的目標和方向，盡情享受當下的生活，以一種舒展、不緊繃的姿態，獲得海納百川、持續生長的力量。

一個人成熟的標誌，不是敢於和世界硬碰硬，而是敢於讓自己慢下來、軟下來、靜下來，以柔軟的姿態，活出愜意、悅己、和自己相處融洽的人生——內心越強大，外在越柔軟。

　　但我依然有堅毅、忍負、傲岸的一面，我有我的稜角；讀者勸我全職寫作，我卻不願讓寫文章淪為生計所迫，我有我的堅持——你看到的，都是我渴望表達的，哪怕無人問津，也不嘩眾取寵、曲意逢迎。

　　我希望永遠做自己相信且熱愛的事，堅持寫自己相信且喜歡的文字，才不會曇花一現，而是擁有長長久久的生命力。

　　不管外界人聲鼎沸，還是寸草不生，我只寫我的，熱愛是一切的答案。

　　從前，我寫文章很慢，是真正的「爬格子」，但這本書裡的文字，像從心底裡流淌出來，它們就在那裡，等待我去覺察、去觸摸、去描摹。

　　如果把人生當成一場考試，那我們就會為做錯題目而感到遺憾，為排名低於旁人而感到失落，為爭名奪利、超越朋輩、光耀門楣而殫精竭慮，給心靈畫地為牢；但如果把人生

體驗生命，而非演繹完美

你趕我下牌桌，我和你比腕力

這篇文章想和大家說說我黯然離開香港中文大學的故事。

年少的我是一個桀驁不羈的人，非常符合大家對「才女」的刻板印象——恃才傲物、為人凜冽、出言吐語不留情面。

按照武俠小說的橋段，這樣的年輕人，行走江湖，總是要吃虧的。

我亦是如此。

01

高考失利後，我曾一度消沉，在大理醉生夢死地度過一

個暑假後，終於來到廣州，開啟了我的「後青春時代」。

叛逆的人，天生就對「規則」有很多莫名的抗拒。

我讀的是師範學校，學校要求女生入校時必須剪短髮，於是我發起了校內的小型「夜跑」，爭取權利，拒絕剪髮；軍訓時，我們班同學發生衝突，我挺身而出，為瘦弱的女同學打抱不平，之後被罰跑操場 5 公里；入校第一年的雙 11，身為年級級長，老師希望我辦一些有益學習的活動，我卻辦了一場化裝舞會，讓全校的少男少女聯誼——我覺得，在大學裡，好不容易擺脫了高考壓力，不應該再把成績放在首位，而應該多為人生增加閱歷。

由此可見，我一向不太乖順，總是有太多主見，亦不服從權威。

讀大學時，寢室尚未安裝空調，廣州漫長的炎炎夏日，近攝氏 40 度的高溫，宿舍只有一台吱吱呀呀的老風扇，而且螺絲還鬆了。修理師傅看了之後說，廠家 5 年前就已經倒

閉，沒有配套的螺絲，這個風扇修不了。

　　於是，我們睡在連一絲絲風都沒有的房間裡，4個人，上下鋪，每晚睡覺前，床板都熱得滾燙，我們戲稱為「鐵板燒」。

　　我曾經多次向學校申請安裝空調未果，直到我畢業後，才終於安裝好。

　　大二時，六月底，英語期末考試前一夜，室內溫度攝氏38度，我為情所困，輾轉難眠，高溫難耐，掙扎不已。

　　彼時宿舍環境差，嶺南老鼠體大如斗，一團黑影從蚊帳上竄過，簡直像一隻小貓，彷彿蚊帳都要被牠壓塌；老鼠完全不懼人，吱吱亂叫，呼朋引伴，我怒發微博，控訴住宿條件之惡劣。

　　當晚我徹夜未眠，第二天來到考場，頭腦依然昏沉。

　　考聽力時，我沒帶耳機，監考老師要我坐到後排，和一位相熟的同學同桌，共用一個耳機。

開考前檢查考位時，我座位空空的，直到聽力考試結束，我才重新回到考位。

我歸位後，忙於答卷，無暇他顧。

考試進行到一半，巡考老師突然走進考場，發現我的桌面上赫然放著一本英語書，老師走了過來，翻開英語書，夾在書裡的、我平時用來背單詞的手抄單詞卡掉落了一地。

我只管專心作答，對此毫無知覺，並不知道我的命運，在此時此地即將發生翻天覆地的轉變。我的人生這條軌道，因為這幾張卡片，徹底轉向了。

02

往後十餘年，我不斷回想那天，假如我沒有因失眠而心情煩躁，沒有為自己據理力爭，沒有對巡考老師說：「我剛從加拿大回來，拿到中國區英語口語第一名；大學英語六級

接近滿分，為什麼要在如此簡單的期末考試作弊？況且考試
考的是聽力、閱讀、寫作，沒有填空題、默寫題，僅憑幾張
單詞卡，怎麼作弊？」

假如我沒有一身逆鱗、滿目桀驁，結局定會有所不同。

明明是我沒有收好英語書，竟還表現得理直氣壯，老師
大概只想給我一個教訓，可這個教訓，真的是比天還大。

在那天之後，我還是沒有拿到學士學位證書，儘管學院
老師盡心盡力地幫助我申辯、申訴、申請，終究是無力回天。

學位委員會還把我列入案例，以儆效尤。

大三時，我本應帶隊去西南某個高校進行交換生活動，
卻接到教務老師的電話：「你的交換生資格被取消了，你這
樣的學生，不配代表我們學校。」後來，我拿到北京師範大
學的推薦免試資格，卻因受過處分，和「夢中情校」無緣；
大四時，我收到香港中文大學碩士錄取通知書，又因為無學
士學位，無法入學；實習時，我被國內首屈一指的電視臺錄

取，南京一所高校也發來任職 offer，均因為我沒有學位，無法入職。

我沒有參加過畢業典禮，因為不在「被撥穗」的名單上；也沒拍過畢業照，不曾經歷過畢業季的傷感與祝福。

逃離校園後，我大山大水地四處遊歷，試圖用一種更雲淡風輕的方式撫平內心所有的傷痕和委屈。

時至今日，我依然沒有獲得本科學位。

03

剛出事時，是我最艱難的時候，我曾經聽過一句話：「牛奶打翻了，哭也沒用，因為宇宙間的一切力量都在處心積慮地要把牛奶打翻。」

發生過的事，我已無能為力，但若就此沉淪的話，就再也沒有機會了。

　　學霸、學生幹部、社團骨幹⋯⋯這些外界標籤一朝破碎，我把所有通往未來的座標全部收回，定位在自己身上。

　　同學們或同情悲憫，或幸災樂禍的眼神，我統統視而不見，把自己浸泡在圖書館裡，安心讀書。

　　我讀完了圖書館裡所有中外小說和名著，花了 10 個月的時間，寫就一篇《魯迅妻子朱安：一生欠安》，一夕爆紅，點擊量超過 1 億次。出版社迅速與我簽約，在大學畢業前，我就出版了自己的處女作。

　　沒課的時候，我一邊打工，一邊旅行，這是某種救贖，也是某種對賭。

　　我想看看，曾經被命運趕下牌桌的人，有沒有另一種可能，重新賭贏。

　　讀者總是說，在我的文字裡，有一種超越年齡的滄桑和絕望感，箇中原因，我在這篇裡第一次講起。

　　悲劇，不會因為你年輕，就變得慈悲一點。

越害怕，越不能怕

01

2023 年初春，某個忙碌的工作日下午，我突然接到一通電話：

「你好，我是北京市朝陽區人民法院，張某、苗某起訴你非法侵佔他人房產，請你來做一下庭前筆錄。」

我心下頓時一驚：「我已經離開了北京，目前租房，怎麼可能侵佔他人房產？」

「每個公民都有起訴的權利和自由，具體事宜等筆錄時會有專門的法官向您解釋。」對方答道。

作為一個遵紀守法的普通公民，我沒上過法庭，沒打過

官司，若論對法律的接觸，僅在大學裡學過《大學生與法》，看過法治頻道的《天眼》，讀過羅翔老師的《法治的細節》，除此之外，一無所知。

於是，我趕忙聯絡替我辦理離婚手續的張律師，他說：「別慌，水來土掩。」

告我？我真是沒有想到。

我的前夫是一個怎樣的人呢？

以我們兩年的交情，在我眼中的他，膽小、愛撒謊、本事不大又好強，但人還不算壞。

說實話，離婚是因為他的病情——家族遺傳陽性精神病史、抑鬱症和雙相情感障礙、重度阻塞性睡眠呼吸暫停、重度夜間睡眠低氧血症、輕度焦慮和強迫症……這些病症我婚前全都一無所知，在我得知後，陪同他去就醫一年，但還是不敢冒遺傳病的風險生子，為此選擇離婚。

我們認識不久就閃婚，那時我剛滿 26 歲，把婚姻當成

「人生任務清單」中的一個必然選項，儘管我們之間沒有堅實的感情基礎，但曾經有過短暫的心動，且條件合宜，結婚時，倒也還算滿意。

　　從前聽過一句話，我深表認同：「能享受飲食男女的日常，也是一種福報。」

　　我前兩年寫過一本書，名叫《這一生關於你的風景》，書中有篇文章，記錄了我們相識的具體過程。

　　我以為他名校畢業、飽讀詩書，婚後才知，「名校」竟是通過花錢買來的入學資格，因他遲遲無法通過考試，以致連結業證書都拿不到，學校無法繼續保留他的入讀資格，直接請退；而他家裡堆積如山的書，皆在扉頁寫了名字從此就沾滿灰塵。

　　我總以為，雖然他能耐不大，但還願為自己貼金，也是一心向好，眼高手低算不得什麼致命的缺點。

　　然而，坦白說，這些小小的欺瞞和謊言，都為婚姻埋下

了隱患。

02

養育孩子，在我的人生規劃裡，也在對方家庭的規劃裡。逢年過節見面，親友們總是祝我「早生貴子」，但面對前夫的高風險遺傳病，我既不敢生，也不便說，只能敷衍一笑，後來乾脆不見。

年齡漸長，我越來越擔心生育問題，而他的病情日益加重，從原先每天只服半片藥，到半年後增至每天兩片，情緒控制能力也在減弱，恰逢疫情被關在家中，還時不時對我大打出手。

我對他並無太多怨恨，我從前學心理學，深知精神類疾病對人精神上的摧殘，他本身亦難熬。

所以我能理解，但也是真的窒息。

　　如今，隨著心理學的普及，人們對抑鬱症有了越來越多的瞭解，對抑鬱症患者也越來越體諒。但似乎沒有人能真正理解「抑鬱症病人照顧者」的感受——他們原本沒有抑鬱，卻要承受另一個人的情緒壓力。

　　有心理學研究者認為，抑鬱具有一定的「傳染性」，長期生活在巨大的情緒牢籠裡，無論怎樣樂觀的人，都很難一直保持開心。

　　在我的婚姻裡，曾無數次發生過這樣的場景——

　　餐桌上，我問他：「這個好吃嗎？」

　　他不說話——看不出是真沒有聽見，還是不想回答。

　　再問，沉默依然。

　　日復一日的生活裡，對面的那個人永遠不理睬、不回應、不關心，神情淡漠，不願開口，言語沒有起伏，每天說話不超過三句，有時連「嗯」都懶得回答。

　　不上班的時候，不起床，不理髮，不刮鬍子，不出門，坐在沙發上，一遍又一遍地重玩早已通關的《消消樂》……

　　家，就像一個巨大的冰窟，所有的情緒都被凍結，沒有悲喜，更沒有愛意流動，只有幾乎能把人吞噬的沉默。

　　解封後，我逃也似的辭職、回老家。第二年春天，終於下定決心提出了離婚。

03

　　我知道他不擅長賺錢，又有精神疾病，婚後我用盡所有積蓄替他償還房貸，花了近 100 萬人民幣還清貸款，房屋權狀最終加上了我的名字。

　　離婚後，我孑然一身離京，衣物都不曾帶走幾件。

　　我對他說，房產我出資一半，我們把房子賣掉，因為房價漲了，還能掙一些錢，我只拿四成，或者他覺得怎樣合適，

我們再談。

　　我最低的心理預期是「三七分」，他多拿一些，畢竟他還要治病，且他已被兩家公司辭退了。

　　然後，我突然就收到法院的傳票，他爸媽將我告上法庭，說我非法侵佔他們的房產，因為他們父子間在 8 年前曾經簽過一份「借名買房」的協議。

　　顧名思義，早在他買房前，與我尚未謀面之時，他爸媽就在至交好友的見證下，「借用」他的購房資格，買下這套房產。總之，房子是他爸媽的，與他無關，更與我無關，他沒有任何資格決定加上我的名字，我理應淨身出戶。

　　原來，他的心理預期是全部佔有，自然無法與我協商「三七」還是「四六」。

　　他們的訴訟請求裡還有一個要求：我必須協助房產過戶，過戶的費用，還要我來承擔。

　　我原以為，前夫雖然有很多缺點，但好在人心不壞，原

來是我誤判了。

事非經過不知難，人非日久不見心。

04

離婚後，我回京出差，我媽退休了，來北京看我，路過曾經的家，想取幾件衣裳。

沒想到，前夫換了鎖。我媽給他打電話，約好當晚他下班後，幫我們開門。

等到晚上九點，我們再回去時，他卻食言了，自己躲回他爸媽家。

我倒是一點兒也不意外，畢竟這類「反悔」曾發生過無數次。

我朋友是民警，替我打電話給他，沒想到他媽媽搶過電話就是一頓破口大罵，說我一個外地女生，心術不正，來北

京只為了騙婚、騙房，現在騙到了，就要背包走人。

　　他媽媽一向為人強勢，自從我提出離婚後，已經對我進行過多次侮辱、謾罵。

　　我害怕嗎？

　　當然害怕。

　　冬天時在老家看《三體》，有一句話讓我印象頗深：「他們越是讓你害怕什麼，你越不能讓他們如願以償。」

　　於是，我堅定、果斷地提出離婚，讓我害怕的，我就是不能怕。

　　我害怕被掃地出門、身無分文；害怕他精神病發來追殺我；害怕他們三代土著、樹大根深；害怕他媽媽無休止的騷擾電話；害怕婚離不掉、要拖很久……恐懼太多太多，但如果只是因為膽怯，就這麼一直拖下去，只會讓我離想要的生活越來越遠。

　　改變未必會更好，但害怕、忍受、拖延，就會被永遠困

在此時此地，內心永遠疼痛不已。

聽說日本的母親在女兒出嫁時，會對女兒說：「要一生懸命去幸福喔！」

我在 20 歲時，也是這種戰鬥姿態，喜歡「一生懸命」去做事、愛人。如今歷遍滄桑，終於開始相信，只有信手拈來的幸福才有意義，那些拼命奪來的，不值錢，不稀罕。

如果可以，我希望你擁有一個輕盈的伴侶，彼此自足，分享豐盛；如果你處在一段讓你倍感消耗甚至枯萎的關係裡，願你有勇氣、有智慧及時抽身離場。

即便無法全身而退，也別因為膽怯，而斷了前路，反覆回頭。

離開北京的時候，我買了很多北京特產，因為我知道，這一生我都不會再回來了。

連同那些舊人舊物，被我永遠埋葬在那個曾經的家裡，此生再也和我無關。

從愛上自己的那一天，人生才真正開始

01

SARS 那年，我在奶奶家放長假，奶奶是雲南人，燒得一手好菜，為了讓我提高抵抗力，每天做雞湯米線、金錢雲腿、排骨湯……一日四頓飯，皆是大餐，換著花樣餵養我。

有時實在吃不下，奶奶就像勸酒一樣勸我喝湯、吃飯，我總覺得奶奶做飯辛苦，就都勉強吃完。

短短兩個月，我的身體像一個充氣的皮球，迅速膨脹，從一個穿小旗袍的纖細女孩，長成一個圓鼓鼓的胖丫頭。

回到學校，同學們都不認識我了，給我起了許多外號——肥豬、八戒……

　　人說童言無忌，但小孩子明晃晃的嘲諷與嫌棄，讓我頭一次感受到世界的滿滿惡意。

　　當年流行玩「角色扮演」遊戲，最常演的是《還珠格格》，我從前演「紫薇」、「晴兒」，因為會背那些晦澀難懂的成語和古詩；自從我長胖後，只能演「容嬤嬤」，飾演一些令人討厭的反派，或者壓根兒沒人和我一起玩。

　　我幼時學舞，有功底，文藝匯演時我們班女生跳集體舞，我跟著大夥一起，每天在日頭下苦練。然而，最後演出時，卻被領舞的女孩禁止上臺，她一臉認真地對老師說：「李夢霽太胖了，讓她上臺太難看了，會影響我們的集體榮譽！」

　　後來，我念大學，修讀了一門課，叫《人類行為與社會環境》，才明白「青春期肥胖」對青少年而言，是非常重要的創傷事件。

　　但當年，無人理解我的苦悶，親朋長輩見到我時，總會笑著說：「胖點兒多好呀，不生病！身體結實！」

　　倘若是自己貪吃無厭，我倒也認了，可我分明是為了讓奶奶高興，才每天都把自己吃得很撐，明明是「孝順」，到頭來卻遭人白眼。

　　很長一段時間，我拒絕回奶奶家，與此同時，開始了「自我折磨」式的鍛煉。

　　早在 21 世紀初，一個不到 10 歲的女孩，已開始節食和虐腹。

　　彼時，互聯網尚不發達，我找不到健康合理的減肥方法，只能自己摸索——晨跑 1 公里、跳繩 1000 次、仰臥起坐 100 次，日日風雨無阻；我很少吃飯，對美食有一種近乎厭惡的避離；冬天，零下十幾度的北方，為了「顯瘦」，我只穿一條校服長褲，膝關節受寒，落下病根。

　　我多年不吃晚飯，也不吃米飯。上大學後，依然保持每晚競走 5 公里，再去舞蹈室跳一個小時的健美操。

　　我買過減肥茶，貼過減肥貼，把自己強行裝進三指寬的

減肥褲裡，穿一整天，晚上回宿舍，腿部血液不流通，已毫無血色。

後來上了班，有了「科學減肥」的軟體，我每餐飯都要計算著卡路里吃，生怕吃超過限定的額度。某天晚餐，我媽給我剝了一根玉米，我說，我只能再吃 10 粒。

我太害怕再變回胖子了。

其實，在高強度的運動下，我作為「胖子」的時光，基本上只有一年。到小學的尾聲階段，我已恢復正常體重和體型，甚至因為腿長，穿搭合宜，還略顯苗條。

但往後的許多年，我在心底裡，都把自己看得很輕，自認是「不好看的胖女孩」。

除了胖，我對自己的其他方面，也不是太滿意。

我深入研究過割雙眼皮手術、豐胸手術、抽脂手術，儘管因為怕疼，都沒能實施，但我一直都活在深深的容貌焦慮中。

哪怕我從高中起就長開了，有人開始說我生得好看，也收到一些字句稚嫩的情書，對此，我總是保持懷疑。

我明白，那個蹲在地上，偷偷抹淚，遠遠望著其他小孩玩耍的胖女孩，會跟隨我一生。

02

另一些容貌焦慮，與他人無關。

我生來鬈髮，小波浪、亂蓬蓬的一撮，洗完頭，一擦乾，就像泡麵一樣，毛躁、乾枯又堅硬。

小時候，我媽是工廠主管，我在廠辦幼兒園理直氣壯地長大，皮膚白，頭髮黃，又鬈鬈的，老師都喊我「洋娃娃」。

後來我媽工作調動，我隨之轉學，因為發胖，生出自卑和自我厭惡，對滿頭自然鬈也深深嫌棄。

讀初中時，學校要求女生一律齊耳短髮，這對我來說無疑是一個噩耗。

　　我從前是長髮，每天把小鬈毛們「全員」向後紮個高馬尾，精神煥發；但修剪過短後，紮不起來，它們「恣意妄為」，彎彎曲曲地朝四面八方扭去，滿頭「爆炸」。

　　那時每天起床，我都不確定這頭「秀髮」又會是怎樣尷尬的局面。尤其是瀏海，它們時而朝天怒捲，我低頭喝湯，嘴還沒碰到碗邊，瀏海已經淺嘗了一口。

　　終於熬到高中，可以蓄長髮了，我每個月攢錢去理髮店，燙了離子燙，看理髮師拿 180 度滾燙的夾板，把捲曲蒼勁的頭髮變得柔軟順滑，然後心滿意足地離去。

　　可惜頭髮長得太快，即便每個月都去燙髮，依然按捺不住新鮮鬈髮的生長，總有那麼一兩週，我的頭髮呈現出「上半截張牙舞爪、下半截歲月靜好」的神奇姿態。

　　在短暫的青春裡，我始終遺憾自己沒有女神的同款「黑長直」，暗自羨慕所有直髮的女生，渴望成為她們，花了許多時間與努力，只為把自己變成另一個人。

上大學時，我的頭髮在年深月久的夾板拉扯、藥水腐化中，已經變得脆弱易斷，毫無營養。

直到我突然間剃了光頭，朋友對此深感震撼，我卻從未愛過、珍惜過自己的頭髮。

身體髮膚，我不屑一顧。

03

直到快 30 歲，我才真正開始喜歡我的身體。

沒有哪個關鍵事件的觸發，這就是一個漫長的過程。

或許因為學習了更多心理學的課程、走遍了更多城市和村莊、登上了更高更大的舞臺、書寫了更多自我剖解的文字，又或是遇見了真正愛我、欣賞我的人……

如今，我依然不是符合現代審美的纖瘦女子，但我可以欣然接受自己的易胖體質，規律地一日三餐，運動是為了健

康，而非苗條；不過度節食，不讓自己在饑餓中入睡。

　　我不再討厭自己一單一雙的「大小眼」，而是把它當成高辨識度的特點，況且我常年戴眼鏡，兩眼的差別，倒也不甚明顯。

　　我不再盲目崇拜美妝博主的「換頭術」，愛惜每一寸皮膚，為它們做好補水、防曬，但不再化濃妝，不讓皮膚受到刺激和傷害。

　　我仍是一頭蓬鬆的鬈髮，但我開始養髮，不再把它們強行拉直；每天認真梳頭，把頭皮和頭髮一併喚醒；我也開始養生，早睡早起，頭髮也因此不再乾枯，有了順滑的光澤。

　　當我放下對外表的焦慮，開始接受、欣賞自己的身體，我從一個極度克制的、緊繃的、和世界較勁的人，慢慢成為一個更加自信、獨立和自愛的人。

　　外貌不再是我的壓力來源和心理負擔，而是上天贈予我的禮物──每個人都有自己獨一無二的美麗，那些你以為的

缺點，換個角度來看，都是你的特點，甚至閃光點。

我花了 20 年，才終於愛上這具皮囊。

可惜青春那樣短暫，在我最好的年紀裡，每天都想成為別人。

只恨太匆匆。

04

身邊的姐妹，有人天生麗質，「桃花」不斷；有人相貌平平，掩入人群，過目即忘；還有人和我一樣，曾在青春期裡，被外界的否定困在原地。

她們都認為自己不夠美，嫌棄自己的身高、五官、臉型、體型、牙齒、頭髮……我們中學的「班花」，畢業後第一件事，是攢錢墊了鼻樑；我做電商時帶的主播，已是百裡挑一的美人，卻每天都想整容。

　　「姐姐的時代」來臨，我們都想成為「又美又颯」的大女主，營銷號和廣告商都堂而皇之地渲染「好女不過百」，主流價值也期待女性更瘦、更白、更漂亮。

　　可是，通過不斷改變外貌，以期得到他人的認可，只會讓我們越來越焦慮、越來越不自信，也離真正的自我越來越遠。

　　「更美」二字，沒有止境。

　　我們都是平凡的普通人，不必苛求五官完美、身材完美，更不必將所有職場失利、情場失意都歸咎於「不夠漂亮」。

　　相比美貌為我們人生帶來的加持，我更相信人格魅力與內在價值的長久性，也更相信真正自我接納、自我欣賞，會為你帶來底層的舒適與鬆弛，在此基礎上構架起來的人生，幸福、自在、自洽，才應該是我們一生所求。

　　對自己好一點，寬容一點，把身體當成最好的朋友，對身心的愉悅負責，追求一個更加健康、快樂、有意義的生活，

而不單單是更符合大眾審美的臉蛋和軀殼。

周國平說：「你有一個健康的身體，一顆寧靜的靈魂，你就是一個快樂、幸福的人。」

發自內心地欣賞自己符合年紀的正常體態，和強求自己減重到「女明星同款」，前者更難。

畢竟世間事，悅人容易，悅己難。

希望你也真心喜歡自己，這並不容易，我花了 20 年才做到，但我想告訴你：從愛上自己的那一天，人生才真正開始。

「以愛之名」太重了

01

我們「90 後」這一代年輕人，大多是獨生子女，女性地位應算前所未有地高，即便家長懷有「重男輕女」心態，但家中只有一個孩子，自然也就承襲了全部的愛與資源。

但養育男孩和養育女孩，終歸是不同的。

不知有無地域差異，在我們從小一起長大的孩子中，男生家長幾乎都是採取「放養制」，而父母對待女孩子，卻大多是嚴格管教。

我們聽到最多的一句話就是：「未來社會的競爭更激烈，你要比男生更優秀。」

在追求卓越的道路上，父親對我們嚴加約束，溺愛、寵愛、偏愛都顯得很稀薄。

我們深知，這是一種偉大的父愛，它折斷孩子惰性的翅膀，讓它重新長出自律與勇氣，飛向遠方。

長大後，我們都成了優秀的女性。但在面對親密關係時，因為沒有受到過來自異性的寵溺與無條件接納，我和我女性朋友們最大的共同點，都是情路不順。

02

小 J 最近喜歡上她的男同事，他已婚，有兩個小孩。

我問她，為什麼喜歡他？

她說：「因為他很陽光！小時候我每天回到家，都要面對我爸的冷言冷語，我做什麼我爸都不滿意。上小學時，他指責我做不出奧數題；上中學，他逼我學理科，為了將來有

更大的發展；上大學，他明令禁止我談戀愛，怕我受欺負；考研第一年，我沒考上，他對我的態度冷冰冰的，怕我自甘墮落而放棄讀研，不斷給我施壓。我知道他想讓我成材，讓我有個好前程，將來不必依靠任何人，但我也希望，有一個男人能每天都對我笑。」

我聽了之後覺得很難過。

父親的禁止和逼迫，從來都是為了我們好，但是他們本來不用這樣辛苦。

我還記得小 J 的爸爸。每一個下雨天，他都等在學校門口，接她回家；從小學到高中，學校在哪裡，她爸就在哪裡租房，只為讓她步行走讀；她媽在外地工作，平時不在家，只有週末一家人才能團聚，她求學的這 12 年，每一個工作日的三餐都是由她爸負責；文理分科時，她成績不好，她爸來了學校無數次，請求老師不要把她分到班風差的班級……

他希望自己的小女孩，能成為獨當一面的女強人，有高

學歷、高教養、高自律。但我們都是普通人，有著普通人的弱點，我們都可能自私、脆弱、懶惰、拖延……

父親只能對我們再狠一點，才能讓我們走得更遠一點。

這是他們非常樸素的價值觀，即便兒時與之對峙抗爭，對其不滿怨懟，但在成年後，我們都懂。

03

可惜的是，與一個男人平等相處，包容與被包容，接納與被接納，對我們而言，卻是如此之難。

因此，小 J 會愛上已有家室的男人，他比她大很多，因為他總是會對她笑；她剛進公司，做錯了年終總結簡報，他耐心地陪她加班，沒有一句指責的話；他會在跨年夜祝她「快快長大」；也會在她生日時，買一隻絨毛狗狗，因為他知道這是她 6 歲時被爸爸忽略的心願。

　　但他有自己的妻子和孩子，有要陪伴的人，所以他總是「失蹤」；但如果因為我們聚餐，小J沒有及時回覆他的消息，他會怒氣沖沖地質問；和老婆吵架後，他會半開玩笑地對小J說：「這日子一天都過不下去了，走，小J，咱倆結婚去！」；他把很多工作都壓給她，還嫌她做得不夠好；其他同事的孩子看到小J辦公桌上的絨毛狗狗，他會說，這是阿姨的精神支柱，你把這個狗扔掉，看看她是不是會崩潰……

　　他不是一個好男人，有些話出格，有些話傷人，但只要有那麼一點點溫暖，她就會不可救藥地靠近他，帶著飛蛾撲火的決絕。

　　她從未對他表明過心跡，但她說，她這輩子不會結婚了。

　　明知是支離破碎的玻璃堆，卻還在裡面苦苦找糖，因為甜，太陌生；但疼痛，我們都比較熟悉。

　　我們就像一枝營養匱乏的花，只要有一點點雨露，就恨

不能把自己全情交付。

體面的工作，出眾的外表，優質的學歷，得體的教養，這些我們前半生奮力奔跑、拼命追求的，都沒有通往愛。

愛一個人，是接受，是包容，是我們可以最大限度地保留自己本來的樣子；但望子成鳳，讓孩子成材、成功，是不接受，是拒絕她所有的不美好，修剪她旁逸斜出的怪脾氣，苛求她把每一個缺點都盡可能的糾偏和改正。

我想，沒有被父親寵愛過的女孩，最大的遺憾，是不知道什麼是真正的愛。

把一點點讚美和關心當作救命稻草，因為沒有被人好好疼愛過，所以會誤認，錯把一些廉價的討好當作愛，錯把傷害和疼痛當作愛。

又或者遇到真正愛我們的人，我們卻變成了父親的模樣，無止境地苛責、要求、為難對方，從而陷入「以愛為名」

的惡性循環。

　　認清我們內在的匱乏，然後學著去愛它，接受心底的坑坑洞洞，並努力填平——這是一場遲來的補習，但只有通過了這門課，我們才能真正完整。

我要走遍世上每一條路，經歷深沉的悲傷，
莫名的哀愁，無盡的喜悅，
只求放手一搏，體驗人生，追求靈魂中的星辰。
　　　　　　　　　　　　——毛姆

看花開、看水流、看日落

旅行治好了我的焦慮

01

第一次決定遠行，是一個人去臺灣。

那年我 19 歲，在上大學，《背包十年》的作者小鵬來我們學校開簽售會，他說：「人應該趁著年輕去流浪，只要不忘了回家的路。」

大冰寫出暢銷書《他們最幸福》，來我們學校做講座，他邊彈吉他，邊唱《陪我到可可西里去看海》。他筆下「浪跡天涯的孩子、忽晴忽雨的江湖」突兀地闖入我的夢，攪亂我整個青春。

於是，我迫不及待地上路了。

　　第一個目的地，是臺灣九份山城，據說是我最愛的電影《神隱少女》裡的場景原型之一。

　　既然去臺灣，便先在廈門浪蕩幾日，逛鼓浪嶼、曾厝垵，吃土筍凍、沙茶麵，在一家名叫「晴天見」的冰淇淋店裡寫明信片。老闆娘坐在窗前靜靜地發呆，我心想：她長得真好看。

　　多年以後，在書店偶遇「晴天見」老闆娘寫的書，書中記錄了她自己對抗抑鬱症的一千多天，才恍然憶起那日黃昏……那時的她應該很辛苦吧！

　　人走得遠了，總會有一些奇妙的相逢——緣深的，相伴餘生；緣淺的，只此一面。

　　相伴餘生的故事，且待後敘。

02

飛臺灣當天，因入臺證打印尺寸有誤，在廈門高崎機場耽擱許久，直到無法登機。

帶著臺灣口音的地勤小姐姐耐心向我解釋：飛往臺灣的航班，和飛大陸其他省市不同，要提前 3 小時到機場辦手續，因為除了轉機，還要過邊檢和海關，因此起飛前 45 分鐘，就不可以轉機了。

我心急如焚，手足無措，眼淚像泉湧，無可抑止地簌簌落下，擦都擦不完，只能一邊哭一邊不停地向地勤小姐姐道歉：「不好意思，我也不想哭。」

我蹲在四下無人的角落，打電話給我哥，告訴他誤了飛機，入臺證也有問題，九份山城裡訂好的酒店無法取消，今夜要露宿街頭了。

我哥在電話那邊笑了，他說：「沒多大事兒，你先找轉

機櫃台，打印正確尺寸的入臺證，再問能否改簽到明天，回廈門的酒店你續住一晚，九份山城的酒店你訂了 5 天，今晚的沒法取消，你就取消最後一晚的，然後發郵件，請他們把入住時間順延。如果錢不夠，我再給你轉。」

　　我哥不是親哥，但每次遇到難事，他總能幫我。

　　我依照他的方法辦妥入臺證，地勤小姐姐估計看我一個小女孩孤身去臺灣，為誤機哭得梨花帶雨、「她」見猶憐，便免費幫我改簽了翌日清晨的飛機，酒店也順利安頓。

　　當我終於順利坐在九份「湯婆婆的湯屋」裡，我感到自己更勇敢了一點，也更自信了一點。

　　即便在陌生的遠方，我依然有朋友、有智慧、有勇氣去面對一切未知；我終於走出舒適圈，向習慣世界的邊界線之外又多探了小小的一步。

一個人就一個人，我可以，我不怕。

此行之後，我開始了一個人的走遍世界之旅。

03

後來認識的朋友，總說我冷靜，遇到天大的難事，沒有多餘的情緒和反應不及的時刻，總能想辦法迅速解決問題。

在西北，飛機延誤 7 小時，原定的火車追不上，參加的當地旅行團眼看也要出發，我只好在櫃台購買從蘭州飛往敦煌的機票，經濟艙一個位子 4 千人民幣，堪稱我坐過最貴的飛機，最後站在莫高窟前的我，深感「世事無常」。

在泰國，坐大巴去機場，錢包被偷，所有證件、手機、為過海關準備的 5000 元現金悉數丟失，回不了國，第二天就是我本科畢業論文答辯，四面佛也救不了我。

在西藏納木錯因高山反應，睡在密不透風的集裝箱裡，

若不是同伴半夜喊我起床看星星，我已缺氧昏迷……

我想，沒有人天生遇事冷靜，不過是被生活磋磨得多了，深知情緒無用，拖延亦無用，終究要靠自己籌謀，度過難關。

我也更加平和，坦然接受一切變故。

傳聞秋日的稻城亞丁，是「上帝打翻了調色盤」，萬畝楊林金黃盡染，晴空碧藍，雪山潔白，珍珠海青翠，洛絨牛場點綴著悠閒自得的牛羊。

當我喘著最後一口氣，攀上 4700 米川西高原，拖著一具「殘軀」，只見冰雹霹靂、驟雨傾盆、大霧彌漫，沒有「調色盤」，能見度不足 10 米，颶風、滾石、雷電，只有危險伴隨著我。

我連滾帶爬跑下山，早已無心看風景，能留下一條小命已是上蒼垂憐。

人稱稻城亞丁「此生必去」，大自然或許對稻城亞丁有無限寵愛，卻不寵愛我。

在「人間淨土」新疆喀納斯湖，亦遭逢暴雨，未見「玉帶般的變色湖」，只擔心水怪一躍而出。

旅行，是不斷顛覆你想像和計畫的過程，無論攻略制定得多麼詳細，依然到處充滿變數，你只能欣然擁抱未知。

在路上，放下自傲，也放下自欺，粉碎舊有陳規與偏見，然後得到自由、勇敢與快樂。

突發事件撞見太多，我便不再為旅行設限，也不再為人生設限。

允許一切發生，以不變應萬變。

當我一次次涉險，又巧妙避險、安然回家，回歸樸素的日常，便少有驚惶的時刻，也格外珍惜那樣的簡單平凡。

生死之外無大事，再大的麻煩，都會過去，都有解法。

06

背包十年，旅行已成為我的生活習慣。

它不是「說走就走」的偶發衝動，也不只是「世界這麼大，我想去看看」，對我來說，旅行就是生活本身。

直到如今，我每個月仍會去一座不同的城市短途旅行，逃離周而復始的日常，從雞毛蒜皮的瑣碎庸常裡，透一口氣，去遠方犒賞自己。

生活有期待，也有節奏感。

我也真正理解了，「旅行的目的不是出發，而是回家。」

舟車勞頓、異鄉漂泊、風塵僕僕，回到一燈如豆的小窩，回到節奏緊湊的職場，回到噓寒問暖的親友身邊，彷彿下凡，重回熱氣騰騰的人間，是一種久違的幸福感。

旅行的人不止熱愛遠方，也偏愛故土。

渴望上路的人，不該猶豫。

那條少有人走的路，或許更適合自己

01

我鮮少談及自己的高考，因為不如人意。

只差 1 分，與全國排名前十的目標院校失之交臂，墜落到一所普通學校。如今雖然已經過了 10 年，午夜夢迴，仍覺遺憾。

我小時候就不愛學習，憑一點小聰明，勉強也算好學生。

初中開始學物理、化學，我深知自己在這方面毫無天賦，感覺苦不堪言。所幸高二文理分科，我轉去學文，開始「浪子回頭式」的刻苦學習。

　　高一時，我身兼數職，同時擔任年級團總支、廣播站副站長、學生會社團部部長。作為高中生，可想而知，我對學業是何等懈怠，學習只是我校園生活中很小的一部分。

　　我要結交新朋友，跟大家一起聚會聚餐；每天早晨去廣播站，給全校師生播報英語新聞；管理社團和學生工作，檢查全年級各班的衛生，評選優秀班集體；組織春遊，還要作為學生代表，做「國旗下的演講」……

　　那些年的「蹉跎」歲月，卻也讓我在回首青春時，擁有了許多明亮的回憶，而不只是埋頭苦學。

02

　　高二以後，我突然之間開了竅，卸任了所有學生幹部職務，安安靜靜地沉下心來學習。

　　大概是高一浪蕩了一整年，玩夠了、鬧夠了，我突然變

得很沉穩，心甘情願地坐定下來，一頁一頁、一行一行地彌補曾經流失的時間。

我不熬夜，晚上 10 點半準時睡覺，凌晨 4 點半起床，睡不多，6 小時已足夠，北方的寒冬夜很長、很深，我的鬧鈴曲是《映山紅》──「夜半三更喲盼天明」……那時我已懂得，叫醒我的不是鬧鐘，而是夢想。

我每天都第一個到校，除了打水、去食堂和洗手間，幾乎不離開座位，總是在看書、做題。

老師們經常這樣說起我：「李夢霽這孩子能成事，年紀輕輕就坐得住。」

其實，我記憶力天生就很好，對文字的理解力也不錯，學文科，自然比旁人輕鬆些，面對高考，即便不苦學，也能考出不錯的成績。

但那時，我還想要更多。

許多知識明知不考，但我太感興趣了──語文選修課本

裡艱深晦澀的古詩文、政治課參考書目裡的西方哲學、世界地理中圖文並茂的課外延伸……老師說「高考不考，可以不看」的內容，我花了很多時間去閱讀研究，我是真的熱愛探索未知，而不只是會考試。我寫了很多不符合高考作文要求的文章，四處投稿，到處參賽，儘管最終大多石沉大海。

我一直是年級排名第一，這為我爭取了更多自由和話語權，來發展自己的興趣愛好。

沒想到，高強度的學習使我的身體很快出了問題——頸椎、腰椎因久坐而生理曲度消失，腰肌勞損，還有腰椎間盤突出的趨勢。

自此，我坐在第一排的角落，平常站著聽課，為了不擋後排同學的視線；教室後窗的窗臺高，自習課我就趴在那裡，站著寫作業，再也不敢久坐。

高考每科兩個多小時，我的坐骨附近打了一針封閉，才能走進高考考場。

　　10 年後，我看到一則熱搜，在湖南桑植縣某中學的高考誓師大會上，一個高三女孩激情澎湃地發表宣言：「沒有人是生來的弱者，沒有人是命定的草芥……我們可以不成功，但絕對不能後悔！」

　　這番熱血宣言竟引發了「網暴」，有人嘲笑她咬牙切齒的樣子難看，有人輕蔑地質疑她還太年輕，天真地以為奮鬥就能改變命運。

　　我卻由此想到從前的我，也如這般意氣風發、慷慨激昂，執著地堅信依靠自己的努力，可以通過高考，走出這座經濟欠發達的小城市，探一探外面更大的世界。

　　那時，我的座右銘是魯迅先生這一段話：「願中國之青年都擺脫冷氣，只是向上走，不必聽自暴自棄者流的話。能做事的做事，能發聲的發聲，有一分熱，發一分光，就似螢火蟲一般，也可以在黑暗裡發一點光，不必等候炬火。此後如竟沒有炬火，我便是唯一的光。」

我深信，若沒有炬火，我便是那唯一的光。

然而，望著那只差 1 分就能圓夢的高考成績單，我卻欲哭無淚。

那是我第一次懂得，不是所有努力都會有結果，想要得償所願，往往還需要一點運氣。

03

大學報到，我不情不願地來到廣州，第一次離家千里，獨自生活。

爾後，在此生活了 5 年，竟深深愛上這座城市，且把他鄉當作故鄉。

我無數次暗自慶幸，在最好的青春年華里，來到南方，融入大灣區的血液。

嶺南花開不敗，四季青翠，沒有落葉，也沒有落雪；我

的廣東本地同學，沒見過北方人冬天脫毛衣時，噼啪作響的靜電；而當地的潮汕生醃也著實讓我跌破眼鏡，對「廣東人什麼都吃」有了全新的認知。

沒過多久，我就基本上聽得懂粵語了。

無法理解對方的語言，是很難走進對方心裡的。

聽懂粵語之後，我感覺離這座城市的心臟更近了一點。

那是一個熱氣騰騰的地方，年輕人背負著各自的夢想，永遠喧囂，永遠熱血，創造著這個城市中一個又一個的奇蹟。

廣東人崇拜黃家駒、周星馳，他們都是普通家庭，甚至貧苦出身，為了生存和夢想，不要命地去掙，像一株野草，像一頭小狼，擁有無限生命力和韌性，最終熬到世間所有美好的回報，是真正的「英雄不問出處」。

我不到 20 歲，在「深圳速度」末期，和電影《甜蜜蜜》裡從大陸去香港淘金的李翹一樣，和電影《奇蹟笨小孩》裡為給妹妹治病、拼命賺錢的易烊千璽一樣，硬頸、務實、肯

拼，創過業，打過很多份工，賺到了環遊中國的錢，過上了「買東西不看價錢」的生活，那是我激蕩、淬煉、浮沉的無悔青春。

土裡刨食，沙裡淘金，自給自足的成就感，只有在特定的時代、特定的城市裡才能擁有。

慶幸那時我在廣州。

當我在北京讀書的同學，還在苦苦奮戰期末考試和研究生考試，我已經過上了經濟半獨立的大學生活，相信了只要靠自己的一雙手，踏實做事，夠拼、夠辛勞，就能活得挺拔，活得體面，就值得擁有一切。

這種堅信在我很年輕的時候生成，成為我此生面對困厄時的底氣——此後，無論是買房受騙、積蓄全無，還是婚姻受阻、淨身出戶，我永遠都相信自己能夠爬出泥沼，憑藉這雙手，東山再起，重新過上想要的人生。

假如我當時考上心儀院校，我就永遠無法親近粵港澳文

化，而我是如此喜歡那裡的風土人情；廣東高校開放的理念，亦使我有許多機會參與校外交換、實踐、比賽，接觸更廣闊的世界和天地。

我終於理解了那句話——高考的迷人之處不是如願以償，而是陰差陽錯。

年輕人開始學會接受命運無常，高考，往往是第一步。

04

十年過去，回首高考，雖付出十成辛苦，只結了三成果實，但我心裡卻越來越坦然。

不為打翻的牛奶哭泣——我開始學會思考「得到」，凡是得不到的，都不再重要。

我沒有讀過名校，沒有聆聽過名師的教導，但獲得了另一方天地的薰陶，一種截然不同的文化碰撞，讓我能活得更

加包容、多元和遼闊。

我甚至建議學弟學妹去遠方求學，體驗不同的思維方式和生活方式。只有走出去，才能活得不那麼狹窄和理所當然，不再坐井觀天。

我也越來越不在意得失，擁抱變化，才能活得更樂觀，也更開放。

失之東隅，收之桑榆，即便抵達的終點不盡如人意，你也會得到最好的安排，那條少有人走的路、沒有提前規劃好的路，或許更適合自己。

你只管努力，剩下的，交給天意。

讀名校未必會有更好的人生，我現在所擁有的，就是最好的人生。

允許自己做自己，接納別人是別人

01

上大學前，表哥讓我做了一次 MBTI 人格測試，以此來判斷我適合學什麼專業，將來適合從事哪些職業。

讀《人格心理學》時，老師無數次地要求我們做各種心理測評，用來探索內在自我。

第一次測試時，我 17 歲，是非常典型的 ENTJ，E 代表外向，N 代表直覺，T 代表思維，J 代表判斷，我的各項測試指數都很極端，外向占比 100%，沒有一點點內向的成分。ENTJ 的代表人物是柴契爾夫人和拿破崙，我生來就張揚叛逆，倒也非常精準。

後來再測，指數漸漸居中，我開始表現得不那麼性格鮮明了。

直到今天，12 年過去後，我再次進行了測評。一共 4 個維度，3 項都沒有明顯偏差，內向或外向這一維度，竟各佔 50%。

歲月或者閱歷，使我變得更加複雜和立體，不再是一個可以被簡單定義的人。

公司團建時，我是熱熱鬧鬧的一個人，能迅速破冰，和初次見面的人有天然的親近感；獨處時安安靜靜——看書、喝茶、禪坐、抄經，享受避離塵世喧嘩的安寧——內向或者外向，性格只是一種因時因地的選擇，並非與生俱來的「本性難移」。

在生活中，有人說我完全沒有作家的樣子。兒時看郭敬明的小說，他寫道：「真正的寫作者，是在生活中離文學最遠的人。」

　　所謂「作家的模樣」，大約是舉手投足書卷氣，出言吐語皆成詩。我沒必要滿足任何人的期待，也不必活在旁人的定義之下，成為自己就很好。

　　所以，我穿著寬鬆的 T 恤接受採訪，卻會為出版社編輯改動一個詞而較真很久；短視頻時代到來後，我也會學著拍 VLOG，把文字轉換成更口語化和接地氣的表達；書店逐漸沒落，我的書卻能迅速轉戰直播間進行銷售。

　　我樂意成為更包容、更多元、更複雜的人，也不認為「複雜」是一種負面評價。

　　不單薄，不再被一眼看穿，不能被迅速推斷言行，是一個人社會化程度更高的表現，俗稱「擺脫學生氣」。

　　而性情單一、過分單純，往往意味著容易被他人預測，容易被拿捏，或許還有些無趣。在高度複雜的社會語境中生存，也許會很辛苦。

02

我曾經有個上司，癡迷於研究心理學，很喜歡給我們團隊裡的每個人貼標籤。

有個同事之前當過兵，上司認為他必是墨守成規、死板教條，不讓他參與創意類的工作，因為上司眼中的部隊就是「以服從為天職」；一個 40 歲的未婚姐姐，上司認為她一定性格孤僻、不好相處，要不然肯定早就結婚了；而我，一個作家，上司總認為我溝通能力不足，因為在上司看來，寫作是「只需要和自我對話的事」，由於我長期寫作，肯定無法與人順暢交流。

時隔半年，儘管我創造了部門第一的利潤，上司還是批評我不用心工作，整天忙於副業。

他說：「一個人如果對工作百分百投入，怎麼可能在業餘時間寫出幾十萬冊的暢銷書呢？」

在他眼裡，我對待工作就是玩票性質，別人都在拼死拼活地幹活，寸土必爭，我純粹是來「體驗生活」的。

我當然不是他說的那樣。

我清楚地知道自己五險一金的繳納比例和基數，知道績效算法規則和每一項假勤制度，焚膏繼晷地深耕業務，每場培訓從不缺席，對待打工掙錢這件事，我很認真對待──但我發現，他並不了解，也不相信。

我忽然間理解了一個詞──「傲慢與偏見」。總有那麼一些人，傲慢已經根深蒂固，根本不願花時間和心思真正去了解他人，僅憑想像，就給對方下了判斷，而這些偏見和有色眼鏡根本無法動搖，無論對方說什麼、做什麼。

在其他場合，我也聽過許多類似的言語。

家長經常會對孩子說：「你就是想偷懶」、「你就是太自私」、「你就是沒主見」、「三歲看大，七歲看老，你長大了能有什麼出息」……

　　妻子時不時對丈夫說：「你每次都這樣，交代的事從不記得」、「你永遠都不考慮我的感受」、「你從來都站在你媽那一邊」、「全天下的男人都一樣花心」……

　　這些話語能把對方徹底釘在原地，不給對方任何改變、成長的餘地。

　　我從前做編劇時，老師曾經說過：「好的劇本，要體現出人物的複雜性，不能臉譜化、絕對化，好人就是『高帥真』，壞人就是『假惡醜』，這不符合人性；並且觀眾要從故事中看到人物的成長，如果一個角色，從生到死都一個樣，自始至終沒有成長，那就不是好故事。」

　　《香蜜沉沉燼如霜》裡潤玉與世無爭，為人謙和，但城府頗深，陰鷙狠戾；《蒼蘭訣》裡月尊殺人如麻，卻有「縱身死魂滅，定不負她」的滿腔深情。

　　《我的前半生》裡，羅子君原本相信丈夫會養自己一輩子，後來卻不幸遭遇背叛，從一個全然依賴男人的「嗲太

太」，成長為自力更生、為孩子扛起風雨的獨立女性；《甄嬛傳》裡的甄嬛，從一個滿心愛慕皇上的小丫頭，長成雷厲風行、獨掌後宮的太后「鈕祜祿氏」。

是人性的複雜和蛻變，讓人物更加好看。

每個人都是多面的個體，每個人也都有機會成為更好的自己。

只是我們，有時看不見，有時不肯相信。

03

心理學家 Knee 提出過「關係內隱理論」，即人的愛情觀通常分為兩種，一種是宿命型，一種是成長型。

宿命型的人相信一見鍾情，畢生追求「對的人」，一旦發現不如意就立刻離場，再尋找下一個；而成長型的人，相信人一直在改變，也相信關係的動態成長，不會輕易地給對

方下結論，或是從整體否定一段關係。即便當下有諸多矛盾，還是相信可以逐一解決，經營出更好的親密關係。

放大來看，其實不止愛情觀，在其他關係中，也存在著「宿命論者」和「成長型人」。

我曾遇到一個因和我「性格不合」不願讓我轉正的同事，我們其實是平級，但他比我早入職兩年，對新員工轉正考核有建議權。

在我的轉正考評會上，他說：「將來我和她要共事很久，我們互相不喜歡彼此說話做事的風格，總有齟齬，道不同不相為謀，不如再招新人，總會遇到合拍的。」

上司馬上駁回了他的建議，說：「工作關係不能只關注個人好惡，還是應當以工作能力為最重要的衡量依據。新人總會經歷一段磨合期，只要是願意成長、願意適應新環境的人，都應該給予機會。」

　　我這位同事就是典型的「宿命論者」，不久他就離職了。

　　我很欣賞他性情中人的一面，也對他直言不諱深感敬佩，但我卻不願成為這樣的人。

　　在愛情中不將就，相信命中註定、一見鍾情，不合則散，這完全沒問題，因為親密關係是百裡挑一，是一對一的深刻連接，但工作不是，生活也不是。

　　很多出現在我們身邊的人和事，往往都不由我們選。如果在任何場合，都試圖尋找「對的人」，那是一種偏執和任性，路只會越走越窄。而對旁人一味苛刻，傷人傷己，亦有失體面。

　　允許花成花、樹成樹，允許自己做自己，也接納別人是別人——內心遼闊的人應當像海洋，納百川，而不爭鋒。

　　與此同時，相信對方會改變和成長，尊重他者的生命與自由，也是一種善良和慈悲。

我居然相親過 100 次

可惜的是，在這個人世間，真正的激情之愛是那麼稀少，它不會輕易發生，因為配得上得到激情之愛的人是那麼稀少，他們必須是純粹的，美好的，是一種充滿詩意的存在。而即使是那些配得上激情之愛的人，還要等待那個能對 TA 產生激情的人。這兩個人相遇的概率之小，簡直相當於海底撈針。這就是激情之愛大多只出現於文學藝術作品中，而很少在現實生活中發生的原因。

——李銀河《煮沸人生》

我 20 多歲的時候，大約相過 100 次親。

倒不是因為我有多想嫁，只是身邊的親友、上司、同事

都對我的婚姻大事以為己任，從大學畢業起，身邊的人就源源不斷地給我介紹男友。我知大家都是好心，也不便拒絕；況且我對「體驗生活」本身抱有極大熱情，樂得結識新朋友。

現代人擇偶，大多帶有一定的功利性。相親，是結識相似階層異性最快、最精準的方法，如果把結婚當作人生必選項，大可不必排斥相親。

且相親與優秀與否無關，不是只有在「自由戀愛市場」上被遺落、被剩下的人才會相親，二十出頭的年輕人要完成的任務太多，學業壓力、事業壓力、車房壓力……很多人忙於個人成長，無暇戀愛，最終只能來到相親市場，這本無可非議。

從前，我對相親這件事，堪稱從善如流，欣然前往。

01

在眾多相親對象中，讓我印象深刻的有以下兩位。

一位是我某任上司介紹的，山東男孩，比我年長 5 歲，彼時已到而立之年。家境殷實，住京城四環大三居，開寶馬 5 字頭，在我們兄弟單位工作，有編制，是部門業務骨幹，仕途明朗，長得像黃軒，暫且代稱「黃軒」。

我和「黃軒」各自的上級，都很看好我們，覺得兩人都工作踏實，前途有望，是時候穩固人生了，於是開始給我們牽線搭橋，敦促我們見面，算是完成「任務」。

初次見面的地點，我選了一家平價餐廳，環境比較吵鬧，但飯菜可口，是我收藏夾裡想去的餐館。

我相親的思路一如既往——選一些自己本身就想去的地方，而不只是把它當成任務，為相親而相親。我也可以不「拘謹」，展現真實、自然的生活狀態，即便相親最後失敗，也

沒有白白浪費一個美好的夜晚。

　　歡樂谷、環球影城、方特，我都是相親時去的。有的人雖沒做成戀人，卻都成了朋友。

　　很多人相親時都會盛裝出席，我卻不習慣，一眼萬年的驚豔終歸無法長久。如果第一次見面就把期待值調得太高，將來兩個人走入婚姻，卸下濃妝，素面朝天，這樣的落差感或許會引起彼此不適。

　　最舒適的，才最長久。

　　相親不是一場考試，通過了就萬事大吉。它是一場長跑，相親成功的那一刻，槍聲響起，才算真正起跑。

　　我是對美食頗有心得的人，一頓飯吃下來，生龍活虎，心思全放在菜上了。「黃軒」話不多，只和我交換了基本訊息，聽得出他工作很忙，偶爾還要值夜班。

　　飯後，他帶我參觀了他們單位，之後便再無音訊。

　　於是，我投入滾滾紅塵，繼續摸爬滾打。在我心裡，此

次相親宣告結束。

　　不料時隔半月之後，「黃軒」突然上線，約我吃飯。依然是吃飯、聊天、散步、失聯。

　　如此往復三次，我想他大概是把我當個朋友，這樣也蠻好。

　　有一天，上司突然問我：「你和那個男生處得怎麼樣了，什麼時候結婚？」

　　我驚得連忙起身否認：「我們只是普通朋友，可不能亂說啊！」

　　上司一臉疑惑：「前兩天跟他們上司吃飯，小夥子也在場，說你倆相處得挺好的，正往結婚的方向發展呢！」

　　那晚，我失眠了，百思不得其解，一個每週交流不超過十句話的人，為什麼想和我結婚呢？

　　直到很久以後，我才想明白，那時的他已經 30 歲了，見過愛情的壯烈，也嘗過眼淚的破碎，走了很遠的路，帶著

萬水千山的疲憊，終於來到我面前。

他早已失去少時的生猛莽撞、不問明天，修得一世得體、理智，甚至世故，婚姻只是他人生任務清單裡，排不到前列的一項，有更重要的事佔據他的時間。於是，他只花一小部分心思，用來維繫與我的關係，畢竟我是他上司介紹的「良配」，然後按部就班地結婚、生子，不要耽誤他扶搖直上。

我想，一個好的戀人，應該更親密，更有激情和生命力，也更溫暖，更有家的感覺。

我那時只是覺得害怕，害怕自己突然闖入一段冰冷的婚姻，只是一個無足輕重的角色。

我趕忙向上司轉達了婉拒之意，這段輕描淡寫的關係就此潦草收尾。

他再也沒有聯繫過我，彷彿這個他曾經想娶回家的姑娘，從未相識過。

02

　　另一位相親對象是我讀研時隔壁班的同學，研究生畢業後，經同學引薦認識。

　　他在中央部委工作，是部長的祕書，大我 7 歲，每週至少有四天在出差，有時甚至在國外。

　　儘管工作繁忙，他還是騰挪出所有閒暇時間，和我吃飯，加深交流；他平時只要有空，就會發微信與我聯絡。他學問淵博，又有見識，就像一位兄長，對我的工作、學業都提了許多有益的建議。

　　然而，我很快就覺察到了某種異樣，他對我總是會提出很多要求。

　　我自認是一個自律、勤勉的人，並不會總是放任自己，但他仍認為我在各方面都需要精進。

　　首先他要求我減肥，維持一個更苗條的身材，做到「上

得廳堂」；其次要我學會做飯，因為他時常出差，將來我得照顧家庭；還要我多看一些時事新聞，了解這個世界正在發生的大事，多讀一些史書，掌握這個世界運行的規律；他甚至從德國跟我視頻，遠程帶我看一部關於政壇風雲的美劇，給我講解其中隱喻；希望我將來能放棄工作，全職帶娃。

不可否認，他是一個非常優秀的男生，也很努力地想帶領我變得優秀，得遇這樣的「精神導師」，我的思維方式和認知格局都得到了一定程度的提升，是我之幸。

但我時常懷疑，他對我的種種要求，是否只是一場精心佈置的謀劃？

他要找的人，並不是我，而是我無法企及的某個高度。於是他便想方設法，把我塑造成他想像中的樣子。

他願意花很多時間與我相處，對我也不錯。若是再往前一步，會是很好的結婚對象，但我感受不到他的偏愛和接納，更多的卻是算計和籌謀。

　　在他面前，我無法做到輕鬆自如，放下所有的包袱，生怕暴露一絲不完美和不體面，這樣讓我覺得很累。

　　如果遇到真正合適的人，你完全可以只做自己，哪怕有缺點，也可以被對方接受、被善待、被珍視。

　　允許你是一個不完美的人，不用滿足外界的期待也可以，你無須逞強或偽裝，也不再被他人審視和評判。

　　你可以努力追求卓越，但這種努力是發乎本心的，絕非被逼無奈。

　　與我斷聯不久之後，他就迅速結婚了。在他的朋友圈，他展示了一套程式化的婚紗照和婚宴相片，不知為何，我總覺得新娘面目模糊。

　　「妻子」於他，彷彿只是一個身分，不是你，也會是別人。

03

　　我很感激給我介紹男朋友的長輩親朋，也從無數次相親局中收穫良多。但我還是覺得，相親無可避免地具有很多先天局限——過分功利、缺乏激情、算計太清、無法交心。

　　我的困境，絕對不是個案。

　　李銀河曾經說過：「激情常常是無緣無故的，非理性的。如果僅僅為了功利的目的，那不是激情，只是努力去達到精心策劃的目標而已。激情往往發生在最不可思議的狀態之中，昏頭昏腦，沒有理性可言。如果是冷靜的、明智的、清醒的，那就不是激情……可惜的是，在這個人世間，真正的激情之愛是那麼稀少，大多只出現於文學藝術作品中，而很少在現實生活中發生。」

　　我不再相親，不是擔心遇不到優秀的人，相反的，我所認識的男生裡，那些最優秀的，都是相親時認識的。

　　只是我終於明白，相親是一個過於理性的場合，一切以組建家庭為最終目的，是真正的「翻牌比大小」。我所渴望的，仍是純粹、義無反顧、蕩氣迴腸的愛情，在相親市場裡，這種愛情註定難以遇到。

　　尼采說過：「藝術家若要有所作為，定要像野獸一般，充滿激情。」

　　作為一個文字創作者，我充滿表達的激情、愛的激情，擁有高濃度的情緒，渴望波瀾壯闊的人生，不適宜走入一段彼此淡漠、精於算計的婚姻，選擇相親，有如「在機場等一艘船」。

　　緣木求魚。

　　如今，我已不再將結婚當成人生的必選題了。

　　隨緣而遇，隨遇而安。對於愛情，遇上就遇上，遇不上就這樣。

04

在一場訪談中，女作家湯山玲子說：「結婚制度讓『厭倦→分手』這種行為在事實層面變得很麻煩，從而達到阻止分手的目，最後打造出了共同成長的優雅老夫婦。」

同為女作家的上野千鶴子反駁道：「因為無法逃離而強行養成的忍耐力，是奴隸的寬容。我不認為這是好事。」

我們以為婚姻會使愛情穩定，但婚姻只能保障財產，卻無法保障愛情。

結婚，反而會使人性怠惰的一面彰顯——反正都結婚了，對他差點兒也無所謂，就像趙本山小品裡戲謔的那句「還能離咋的」，而離婚高度複雜的程序與精神拉扯，又使多數人甘於忍耐，苟且偷安。

最終，當兩人關係真正無可挽回地破裂，婚姻制度只能保障財產，一個你已深惡痛絕的人，還要分走你半副身家；

　　提前留一手的人，會選擇要求簽署「婚前協議」，但在簽約時，對關係、信任本身就是一種傷害，難保不會埋下隱患。

　　當然，這些是悲觀主義者的視角，或許遇見情投意合的人，此生親密，永不反目。但倘若果真如此，一紙婚書簽訂與否，又有何區別？

　　相親過 100 次，結過又離過，我終是清醒而篤定地放棄了婚姻。

在自己喜歡的時間裡，
按照自己喜歡的方式，去做自己喜歡做的事，
對我而言這便是自由人的定義。
—— 村上春樹

輯三

心懷熱愛，盡興生活

認清生活的真相，依然熱愛生活

01

前兩天，看一個脫口秀演員的微博說「又到了忍不住和路邊植物擊掌的季節」，我會心一笑。

盛夏來臨，如果你走在人行道上，看見一位年近三十、駐足抬頭、雙眼放光、突然助跑、瘋狂起跳、狂攝樹葉的女子──那可能就是我。

我內心有一部分自我一直沒有長大，又或是拒絕長大。

所以，我依然愛看動畫片，愛去遊樂園，無論心情怎樣低落，飽餐一頓都會使我開心。

一年前，在某個無家可歸的深夜，我去閨密家，整個人

都處於破碎的邊緣。

她問我：「叫個外賣吧，想吃點兒啥？」

我拿起手機，抹一把臉，接著就津津有味地翻起外賣菜單來。

她說，我還挺羨慕你，那麼熱愛吃飯，不管經歷了什麼，只要有好吃的，都能過得去。

02

我沒有長大的那部分，還包括輕信。

26 歲，在牛津，我寫道：「人呐，年紀越大越不經騙，因為會陷入瘋狂的自我懷疑——識人眼光之差，輕信旁人之愚，竟十幾年如一日。相信是一種選擇，所以傷害也是。是你親手遞給對方匕首，然後露出你的軟肋，卻賭輸了。」

如今三年已經過去，我成長了嗎？

沒有。

人類從歷史中取得的唯一教訓，就是不會從歷史中取得教訓。

在那之後，因為輕信，我花光所有積蓄，買房買到爛尾樓；因為輕信，走進一場錯誤的婚姻，還被告上法庭；離婚後，隻身離開北京，還相信前夫可以將我的私人物品寄給我。

他居然捨不得出快遞費，打官司當天，在法院門口丟給我的律師兩個箱子，讓他坐高鐵把我送回去。

經過輾轉終於拿到了箱子，拆開後，除了一些已經摔碎的小擺件和冬裝，我買房的購房協議、退款協議、公司公章，他一併扣留，不給我，郵件亦不回。

若是損人利己，倒也罷了，人為財死，我能理解；但這事損人不利己，這大約是我不能理解的人性。

03

我離婚後，親友們擔心，諱莫如深。但坦白說，自從離婚後，我前所未有地開心。

前幾天，查找碩士畢業證照片，翻相冊，彼時雖在婚姻中，卻仍似獨身。

一個人看宮崎駿畫展、一個人逛宜家、一個人看《頭號玩家》、一個人去國家博物館、一個人去西雙版納……

我面無表情地穿過人群，展美、景美，但快樂是那樣短暫，痛苦卻是那樣漫長。

我活在「平靜的絕望」裡，誤以為眾生皆苦。

其實我們這一生，遇到困難、坎坷、厄運，都不可怕，因為所有的苦難總會過去。

可怕的，是你就此失去憧憬和熱望，在本該向前一步的時候黯然後退，在本該抗爭到底的時候喑啞無言，心漸漸堅

113

硬、冰冷、失去稜角，以為愛情不過如此。

我們本不該活成這樣。

20 多歲的年紀，本應活得熱烈、有趣、蓬勃，生命力旺盛。

婚姻，我替你們試過了——選錯人不可怕，但如果一直不改變，就永遠疼。

改變沒那麼容易，可是，人活著，應該做正確的事，而非容易的事。

04

我今年找到了喜歡的工作，做電商運營，同事都很年輕，節奏快，迅速反應，聚是一團火。

如果一個人可以不斷跨界，不斷生長，那他就沒有老去。

我依然保持著每個月去不同城市旅行的習慣——三月去

南京梅花節，見老師和老友，在先鋒書店看書，一晃就日頭偏西；四月去環球影城，這次不趕項目和表演，在美輪美奐的建築群裡流連；五月在濟南，吃糖醋鯉魚和把子肉，在大明湖划船，返程途中偶遇一條長長的隧道，停下來拍照很久；六月在廣州，在老朋友家吃早茶、打麻將，驚喜地發現廣州圖書館裡收藏著《一生欠安》這本書，在暴雨天看了一場電影《我愛你》，為老人家的愛情深深動容……

　　離開北京，我來到曾經最喜歡的城市，安居樂業，現世安穩。在海河摩天輪裡看海河的煙花，耳朵眼炸糕裡藏著小孩脆生生的笑話，西北角的卷圈想吃要排隊一個小時，解放北路的梧桐掩映老洋樓的風情萬種……

　　李銀河在《煮沸人生》裡寫道：「幸福與否不在於所有的外部標誌──金錢、權力、名望，而在於內心的感受，在於做自己喜歡的事，交往自己喜歡的人，過自己喜歡過的日子。」

停止在泥潭裡不斷墜落，我終於抽身，那些前塵風雨都被我狠狠地甩在了身後。

如今，我和自己喜歡的一切待在一起，我感覺非常幸福。

05

今年最讓我欣喜的事，是我的新書《允許一切發生》上市兩個月，銷量達到 15 萬冊，佔據新書熱賣榜前 5 名。

截至今天，僅抖音的某一個店鋪，就已經銷出 9 萬冊。

許多出版商來談新書簽約事宜，我的寫作事業終於要起飛了。

各平臺都有新讀者與我聯絡，說我的文字帶給她們力量和勇氣，我深感榮幸。

我們有一個將近 10 年的讀者群，平時很安靜，但從沒人退群，新書上市我會通知大家，想與我交流的讀者，都可

渴望上路的人，
不該猶豫。

以找到我。

　　人與人之間，因文字而生的這種聯結，我格外珍惜。

　　羅曼‧羅蘭說過：「真正的英雄主義是認清生活的真相後，依然熱愛生活。」

　　前情種種教會我，最重要的，是相信這世間美好的一切，你都配得上。

　　今天是我 29 歲生日，所幸人生風霜苦恨來得太早，出走半生，歸來仍是 20+。

　　我很坦然，心裡沒有長大的那一部分，就讓它永遠停留在那裡吧！我依然相信，甚至輕信，有一種近乎愚蠢的天真。

　　戒備深重的人，總歸不易快樂。

　　我始終相信，活在當下就是不焦慮，不設限，及時行樂，充分且投入地感受生活，活出這一刻的淋漓盡興。

　　人生就是不斷離場又進入，不斷推翻再重建，此生不怕再從頭。

最後，許個生日願望吧——

希望明年，我依然是那個忍不住和路旁植物擊掌的女子。

我為什麼這麼愛貓咪

01

我特別喜歡貓，我媽說我有「貓性」。我大約是在兒時起開始養貓，在性格養成期，與貓朝夕相處，牠或多或少影響了我。

9歲時，我和人生中的第一隻貓相遇了。

那時，我媽剛換工作，舉家搬到市中心。我們租房住，在第一次打開浴室門時，裡面竟有兩隻小貓。

房東想要把牠們抱走，其中一隻灰色「中華小田園」，牠來到我爸腳邊，打個滾兒，蹭蹭褲腳，不想走。我爸心一軟，就收留了牠。

　　我上小學時，每天下午四點就放學，爸媽都是雙職工，放學後，我常常一個人在家。寒暑假除了回奶奶家，白天就是獨居兒童。

　　多了一隻小貓，就多了一個玩伴，我給牠取名叫「咪咪」。

　　牠陪我彈琴，陪我寫日記，讓我不用再和自己說話，不再那麼孤單。

　　我有一個鬆軟的坐墊，咪咪最喜歡了。我寫作業時，搬個小板凳放在身旁，把坐墊鋪在凳子上，牠就臥在上面打盹。牠還小，睡得很沉，我走來走去也不能把牠吵醒。夕陽打翻一地金黃，咪咪均勻地打著小呼嚕，小鬍子也被陽光鑲上了金邊，真是一片歲月靜好。

　　坐墊比凳子大一圈，起初咪咪小心翼翼地臥在坐墊中央。但睡醒後馬上就忘了，打個酣暢淋漓的哈欠，還要伸個盡情盡興的懶腰，一翻身，張牙舞爪地掉在了地上。

　　我笑牠，牠好像能聽得懂似的，對我流露出一副「懶得理你」的神態。但當我把坐墊鋪在床上，牠還是會窩回到我身邊，想要緊挨著我。

　　爸媽對我管得嚴，有時會嚴厲地批評我。當我在小屋悄悄地抹眼淚，抱著毛茸茸的小貓時，就會覺得依然被愛著。

　　牠有一個習慣，無論何時何地，只要叫牠一聲「咪咪」，牠都會「啊」的一聲，以示回答。有時牠在睡覺，聽到有人喚牠，牠會自己強行重啟，答應一聲再睡去；有時牠正在洗臉，或者舔毛，聽到咪咪叫，也會騰出嘴來先答應。

　　後來快到「小升初」考試，我漸漸忙碌起來。我媽工作也越來越忙，無暇照顧牠的飲食起居，於是，我就把牠送給了姥姥。

　　姥姥家在鄉下，對牠實行放養，廣大農村，天高海闊。再次見面，咪咪已長成一隻健碩野性的大貓，會捕鼠，會上屋頂，我覺得牠比在城市裡更快樂了。

　　每次我回去看牠，臨走時牠都來村口送我，姥姥說牠記得我這個小主人。

　　牠生了很多小貓，姥姥把牠們都送給了鄰居，從此村子裡便不再鬧鼠患。

　　9 年後，咪咪變成了一隻臥在院裡曬太陽的老貓，牙口也不好，胃口也不好，每天只吃一個生雞蛋，也很少走路。

　　有一天，牠忽然失蹤了，整個村子的人都找不到。姥姥說，貓死亡之前，會主動離開家，不想讓主人傷心。

　　再後來，姥姥也走了，我便再也沒有回去過老院。

02

　　我剛到北京時，住在天通苑，小區裡有人貼小廣告——「家裡大貓生小貓，貓太多，實在養不了了，求領養。」

　　我按圖索驥，找到了貓主人，看見一窩搖搖晃晃的小花

貓，在紙箱裡探頭探腦。

　　我抱走了其中一隻，只有 40 天大的幼貓。那時我還沒找到工作，在家寫稿，牠就經常在我腿上睡覺。

　　牠也叫「咪咪」，我養過的每一隻貓都叫咪咪，就像把我的童年一直帶在身邊一樣。

　　咪咪和我同吃同住。第一天晚上，我睡床，牠睡椅子；第二天，牠悄悄地爬上床，躺在我腳邊；第三天，我醒來時，看到牠在我手邊；第四天，牠臥在我枕頭上，跟我臉貼臉。

　　小小的牠，一點一點把信任全部交給我。

　　過了一段時間，咪咪突然變得有些暴躁。每晚不睡覺，而且還不停地喊，也不讓我睡覺。

　　剛好那時我找到了工作，家離公司很遠，必須要搬家。搬家後，牠也就不鬧了。後來看新聞才得知，我住的那套房子甲醛超標。

　　或許小動物的嗅覺更靈敏，牠想提醒我盡快遠離危險。

「北漂」的日子太苦了，我每天下了班，還要當英語老師，線上帶課，週末也奔波在出差的路上，咪咪變得越來越不開心。

貓是需要陪伴的小生命，可惜那時我無法陪牠，也沒有能力給牠創造優渥的生活條件。

我不在家的時候，咪咪把家裡所有的東西都推倒，衛生紙拉扯一地，貓糧和水盆都被打翻；我與人合租，去洗手間時門沒關嚴，牠溜到客廳，鄰居對牠大呼小叫；我下班回家，換上連衣睡裙，牠衝過來，整個掛在我光溜溜的小腿上，像抱樹一樣把指甲深深地嵌入我肉裡，疼得我眼淚洶湧。

在那之前，北京剛發生「廉租房大火」事件，很多合租屋房東都要清退租戶，我住的恰好正是隔斷間；在公司，我提交的策劃方案沒有通過，加班到晚上 11 點，饑腸轆轆；我的公眾號接了一條廣告，被粉絲嘲諷「恰爛飯」；教網課，被學員無故差評，當月獎金被全部扣除……

　　咪咪掛在我腿上的那一刻，望著自己血肉模糊的小腿，我想，生活真是太難太難了。

　　我朋友也住隔斷間，被房東趕了出來，決定離開北京，回老家去了。臨走時，他說：「你把貓送給我吧！北京不適合我，也不適合牠。」

　　於是，牠也回到了農村，在河南的平原上飛奔、打滾，前年還當了貓媽媽。我後來去看過牠一次，牠依然是驕傲、任性、自由的模樣，朋友說牠和我很像。

　　如果牠可以一生任性，一生自由，也就不枉我們相識一場。

03

　　我的第三隻貓是一個「小流浪」。

　　打拼幾年後，生活終於步入正軌。我進入體制內，衣食

無憂，時間寬裕，和剛來北京的艱苦清貧已是天壤之別。

某天傍晚，我在公園遛彎兒，突然聽到一聲弱弱的呼喚。一看，竟是一隻白色的布偶貓，藍眼睛，很瘦很瘦，但很乾淨，可能是走失了或被遺棄。

於是，我把牠帶回家，打了疫苗，買來貓糧、貓條、貓罐頭，配好貓爬架、貓抓板、貓玩具，想竭盡所能地愛護牠，我總覺得牠很可憐。

家離單位很近，下午四點多就下班。中午我也會回家午休，看看貓有何動向。

除了 8 小時工作以外，剩餘 16 小時，我都和貓膩在一起。

可能是曾經流浪太久，牠是我見過的最黏人的一隻貓。

只要我去浴室，無論是刷牙、洗臉、洗澡，牠都會蹲在門口喵嗚喵嗚的喊我，我不能有一刻在牠的視線之外，到後來我連浴室門都不敢關。

我有一個單人沙發，就在床旁邊，晚上我坐在沙發上看

電視，牠就跳到我的腿上。但布偶是大型貓，牠已經有八個月大，太沉了，我抱不動，過一會兒就要把牠放在床上。

牠在床上找到離我直線距離最近的位置，躺下來，還要把腦袋伸過來，搭在我的腿上。

我看牠為了挨著我，脖子懸空，實在太辛苦，就專門買了一個懶人沙發，放在沙發旁，專門供牠使用，牠對此很滿意，再也不回貓窩。

我燉了一鍋排骨湯，給牠吃排骨，我喝湯，牠很喜歡。

有一天，我家廚房漏水，樓下老太太找上門來，看見咪咪後說：「你把牠養得真好，毛色這麼亮，大尾巴就像一把小傘。」

聽說貓也需要戶外活動，我給牠買了個小背心，準備帶牠出門曬曬太陽遛遛彎，親近一下大自然。結果我剛一開門，牠就狂叫不止，撕心裂肺，全身滿是恐懼，我從沒聽過那樣慘烈的叫聲。

　　我反應過來，這可能是貓生的「童年陰影」。於是我趕緊關好門，打消了「遛貓」的念頭。

　　和牠相伴的時光，是我人生中最開心的一個階段，本以為我會陪牠終老，然而沒想到的是，長毛貓的貓毛竟誘發了我的鼻炎。到後來，我每天打幾百個噴嚏，流涕不止，已經無法正常生活。

　　大夫對我說，你真的不能再養長毛貓了。

　　最終，樓下的老太太接走了牠。他們兩老獨居，孩子在國外，我常聽到老爺爺彈鋼琴的聲音，如今家裡添了新成員，他們也覺得更開心。

　　我下樓去他們家吃飯，順便也看望一下咪咪。牠過得挺不錯的，每次見到我時都飛奔而來，臥在我的腿上「踩奶」。牠有了新的名字，叫「酸奶」。

　　老太太說：「我跟這貓有緣，見第一面我就喜歡牠了。」

　　這世間所有的相遇，都躲不過一個「緣」字，緣來相聚，

緣盡則散，無法強求。我很慶幸，你們曾經走進我的生命，在我孤獨的時刻，做我的家人。

04

如今，我已經在天津定居，生活節奏更慢，人居環境更好，同事的貓生了小貓，問我要不要抱走一隻。

儘管我依舊深愛著貓咪，卻婉拒了。

同事出差、回鄉、度假，我會把他的貓接到我家來，代為照顧；在街頭遇見流浪貓，我都會給牠們買根火腿腸；下雨的夜晚，我會讓小區裡無人照看的小貓進屋避雨，但我不想再成為一個長期養貓的鏟屎官。

年齡漸長，我深知這是一個弱小的生命，撫養即意味著責任——牠全然地依賴我，牠的吃喝拉撒、喜怒哀樂，全與我深切相連。倘若牠在我身邊，過得不開心、不舒坦，牠卻

沒有能力離開我，只能全憑我處置——責任深重，不敢擅養。

寵物是家人，也是孩子，假如沒有讓自己完全準備好，不該貿然嘗試去撫養。

女性的經濟獨立意味著什麼

01

　　我不是被富養長大的孩子，從小接受勤儉節約的美德教育，即便後來有了一些積蓄，仍保持著原初簡樸的生活習慣。

　　比如，公共洗手間的水龍頭淅淅瀝瀝地開著，我會馬上去關掉；朋友請客吃飯，剩了一桌子菜，我會打包帶走；從不買多餘的東西，不囤積，按需採買，護膚品、洗髮露直到用完才會再買新的；一件喜歡的夏季睡衣，就算穿破了，還要縫補一番，直到不能修復才忍痛丟棄。

　　我一直維持著樸素的生活習慣，不鋪張浪費，也不過量佔有，但這些並不妨礙我熱愛賺錢。

從上大學起，我就開始努力賺錢了。

當週末室友還在睡懶覺時，我已經跋涉一個半小時，去英語輔導機構教小朋友說英語了。最初每小時 50 人民幣的酬勞，後來我帶的小孩成績提升很快，每小時就漲到了 85 人民幣，教一整天，680 人民幣到手。

盛夏的廣州炎熱且漫長，室外溫度接近 40 度，從地鐵站走到培訓機構，早已汗流浹背；亞熱帶氣候動輒暴雨狂風，雨水砸在地面，能濺起一尺多高的水花，雨傘、雨鞋根本無以抵擋，即便撐傘，在暴雨中走五分鐘也會全身濕透。

儘管如此，我當了一年多的兼職老師，卻從未遲到、缺席。

和我同時期兼職的小夥伴流動率很高，有的老師只來過一兩次就走了，大概是覺得薪酬微薄，路途辛苦，得不償失。

但我那時很想攢錢去旅行，渴望太甚，以至於吃點生活的苦，我也甘之如飴。

「自給自足」確實很酷，我當時 18 歲，可以自己做主，買喜歡的東西，實現「買書自由」、「連衣裙自由」，早期的團購美食套餐在消費能力以內，短途「窮遊」也不在話下。

曾經看過白岩松的一個訪談，他說：「經濟不能獨立，人格就不能獨立。」我深以為然。

經濟獨立，使我不必手心向上，割讓一部分自尊心來換取溫飽；不必受制於任何人，由他人決定「該不該做、該不該去」，也不必每逢月底就會捉襟見肘。

02

賺到第一桶金的意義，還讓我相信，我有能力在這個城市立足。

之後，我又嘗試了很多類型的工作。

我曾在人才市場的窗口當過櫃員，給畢業生辦理落戶和

檔案掛靠手續，這是一個「來料加工」型的工作，只需熟記辦理流程，核對材料清單，然後再找不同部門，蓋不同的章就行。沒課的時候，每週去兩天，朝九晚五，每月 1500 人民幣。

曾兼職做過主持人、給路虎廣州分公司主持年會；給街道辦主持太極拳大賽，一場晚會酬勞 800 人民幣；給出版社做過英語翻譯，千字 70 人民幣，10 萬字的書，能掙到 7000 人民幣。

我也參加過學校舉辦的很多比賽，讓我印象深刻的有一個「職業生涯規劃大賽」，全校各年級一共有一千多人參賽，我拿到三校區總冠軍，獎金 500 人民幣。儘管彼時的職業生涯規劃，與如今的生活天差地別，但當初一時乍富，立即給我媽買了一件 800 元人民幣的高級襯衣，這之後的 10 年，她每次出遠門都會穿著。

掙到錢後，我對自己亦很慷慨。

我所求不多，只要是想買的物品、想去的城市，我會立

馬滿足自己的願望，我想這就是愛自己的表現。

還是小孩的時候，被迫「延遲滿足」了太久，現在成了大人，我想給自己雪中送炭。

每一個沒有被富養長大的孩子，長大後都可以自己富養自己。你其實也有機會，把心底的坑坑窪窪撫平。

小時候曾許願，希望可以過上「買零食不必看價錢」的生活，成年後，很快就實現了。

童年時沒得到的布娃娃，少年時沒得到的自行車，我們都可以在成年之後，獎賞給自己。儘管它來得有些遲，但我們終歸過上了自己想要的生活，成為想成為的人，這已經是足夠幸運的結局。

03

賺錢之後，我與我的原生家庭以最快的速度和解了。

因為深知賺錢不易，所以理解了父輩對孩子貪戀無用之物的克制；因為自己能夠自力更生，所以理解了少時讓我拒絕男同學貴重禮物的良苦用心。

自從我大學畢業後，就再沒讓爸媽請吃過一頓飯。

坦白說，在一定程度上，經濟實力意味著父母對你的放心程度──他們覺得你長大了，有能力拿主意。我回北京、去天津，進體制又裸辭，創業、讀博，都是我自作主張，沒有和誰商量過，他們對我倒也很支持。

在擇偶方面，我的選擇區間也更加寬泛。

我有底氣選擇經濟條件好、有實力、有資本的優質男性，不會再為一頓大餐該由誰來買單而耿耿於懷；我也可以選擇更年輕、更純粹、社會資源不多的男孩，由我負責麵包，另一半只要給我愛情就好。

在職場，我不再需要隱忍，如果遇到碾壓我自尊的甲方，我有勇氣隨時掀桌離席。

　　面對惡人糾纏，不必花費口舌和時間，我可以請最好的律師，在法庭上贏得體體面面。

　　其實我沒有多少物質要求，一日三餐，青衫幾件，不化妝，不買奢侈品，不戴首飾，我本不需要很多錢。但我希望擁有賺錢的能力，且能擁有一些存款；不可否認，金錢能帶給我更多選擇權，帶給我獨立生活的踏實感、安全感，讓我相信可以依靠自己的雙手雙腳，穩穩當當地站在人群之間，面對所有風雨；而且，我的尊嚴不容侵犯。

　　從 6 歲起，我的人生理想就是在 30 歲時環遊世界，再生兩個小孩，但它不僅需要強大的經濟支撐，還需要一點好運氣。不知今生能否有緣實現，但我仍在努力的路上。

　　那就祝我們每個人都好運吧！

向上管理，改變你的上司

01

我比現在更年輕一點的時候，想不明白如何才能與上司融洽相處。

初入職場，一身學生氣，拿上司當老師，上司發話即是聖旨，莫敢不從。

後來上班久了，發現上司和老師有著天壤之別，師生關係本質是利他的，老師即便批評學生，總是為了學生的前程好，上司可未必是這樣。

不瞞各位，我曾有過兩份工作，皆因和上司關係太僵，被迫離職。現在想來，真是非常不值。

　　選擇一個行業、一個公司，跟對人固然重要，但更重要的是這份工作，你是否熱愛，它能否帶給你成長，以及能否對你的市場價值持續加碼。

　　熱愛決定你鑽研深度，成長決定你從業長短，而市場價值則決定了離職的最佳時機——在高點拋售，人與股票同理。

　　與上司關係不好，導致心情不佳，每天「上班如上墳」，最終貿然辭職，是因小失大。

　　這樣的困境，許多年輕人都遇到過，我也不例外。

　　我閨密甚至因為對副總裁「會錯意」，失去了部門總監的職務，在家待業大半年。

　　前車之鑑深重，於是我開始反思。

　　作為普通打工族，我們每天至少 9 小時在公司，上司變成我們「最熟悉的陌生人」，不得不靠近、交鋒、互助，被更高遠的「集體利益」強行綁定，這些都由不得我們選。

朋友、愛人是我們主動選擇的家人，上司卻彷彿一個既定的存在，你當然可以頻繁跳槽，上司也可以「常換常新」，但若無對職場上下級關係的洞悉和對策，全憑運氣，則很容易在同一個陰溝裡翻船。

我最近的兩份工作，都與上司相處和睦，他們都是能為我賦能的人，我想大約是因為我成長了，可以更成熟地處事。

其中心得，和大家分享一二。

02

當代職場人員流動率太高，許多人找工作都是騎驢找馬，面試時想著「先進去，做著看」，基於這樣心態找到的工作，大概都做不長久。

即便不把每一份職業都當作終身事業來挑選，它也應該是我們個人成長道路上，為我們增值的籌碼。

　　認真對待每一次找工作的機會，不能增值的工作，不做；換工作的成本很高，不是真正認定的公司，也不要輕易跳槽。

　　選公司時，對上司做好背景調查——正如我們會在應聘時，會有意無意地美化自己，上司也是。

　　我年輕時，因為經不起忽悠，在應聘一所大公司時，上司對自己的業績如數家珍，我對他頓時肅然起敬。

　　後來入職後才得知，他所謂的資源都是公司和平臺所賦予的。換言之，即便不是他，任何人都可以做到那樣，沒有多少不可替代性。

　　行業圈子不大，如果提前做好背景調查，完全可以側面打聽他的為人和口碑，避免走彎路。

　　但我並沒有。

　　我對他的情感，由「個人崇拜」到「不過如此」，關係也在不知不覺間發生轉變——他佈置的很多毫無價值的工作，我不做，甚至懶得解釋和反駁；與此同時，我獨立開發

新業務，並且迅速做出了業績。

此後，我們之間的關係變得非常微妙。

他開始時常批判我的個人行為，比如午飯吃太久、耽誤工作；我看熱點視頻以便寫軟文，他痛斥我上班期間玩手機；月度計算提成，我總被莫名扣錢；但凡我工作中有一點小失誤，他就會小題大做，開會點名批評；還向總裁告狀，說我「能力有問題」……

23 歲的我，不能理解到底發生了什麼，被叫去總裁辦公室，問我是不是準備離職。

我說：「我沒打算離職，是公司要開除我嗎？」

總裁聽我講完事情的原委，立刻給我調了單位，還漲了點工資，我今後的工作直接向副總彙報，代價卻是我在原部門創造的利潤悉數留下，從頭開始。

我格外幸運，遇見了惜才的總裁，沒有偏聽偏信，願意給新人充分表達的機會。

　　但調單位後，和前上司的矛盾昭然若揭，他在公司根深葉茂，我想推動工作步履維艱，沒過幾個月，我就裸辭了。

　　這家公司是行業頂尖，我深知，我在其中還有很大成長空間。離職並不明智，只是鍍了表面簡歷的金，沒得到多少真才實學，但因人際關係無奈出走，對此我感到很遺憾。

　　後來再找工作時，不再聽信一面之詞，而會進行多方調查，綜合判斷上司的實力、人品、可信度。

　　我非常認同，我們應該為自己真正欽佩的上司做事。心理學裡有「戀愛補償效應」的說法，是指人會不自覺地更關注喜歡自己的人；在職場也是同理，你欣賞、認可的上司，也會更關注你、認可你，欣賞總是雙向的。

　　在互相欣賞的環境裡工作，遠比處在互相瞧不上的氣場裡開心。

　　不過，無論我多麼敬佩這個人，我都會提前預設，他一定有某些缺陷。

　　許多上司身居高位，只是因為工齡長、資歷深，不必過於美化、神化、濾鏡加身，在日後密集的接觸中，你勢必會對他祛魅，發覺對方有不可逾越的局限，這很正常，人無完人，降低期待也是一種成熟。

　　當我做好調查、設定門檻、接納缺陷後，我遇到的上司都變得可愛了許多。

03

　　我最喜歡的一個上司，只比我大 4 歲，短髮、個子小小的，是非常幹練的職場女性，26 歲就成為市場部總監。

　　我們在一所國際學校共事，從 0 到 1 做全域新媒體。

　　從傳統出版到電商直播，我 28 歲轉行，跨度很大，入行時，很多常識都不懂。

　　我的工作其中一項任務，是撰寫短視頻、直播腳本，我

基本上無從下筆，寫散文的習慣根深蒂固，無數次被打回來重寫，做了許多無用功。

我於是主動找上司「開會」，向她求助。

她在這裡工作 7 年，見證團隊從 40 人擴張至上千人，對課程、學生、家長可以說了解透徹，我向她詳細了解產品和主播，寫出的腳本很快就順利通過。

每天晨會，我只是簡單彙報一下日常工作，把重點放在「我有哪些困惑和難題」，上司幫我一一解答。我在內容領域深耕多年，有創意，而她懂行業、懂產品，我們搭擋，工作效率高，溝通有效，業績很快就有了起色。

她是一個需求非常明確的人，為人強勢，認定的事不容置疑，也沒有多餘的情緒。

直播行業沒有朝九晚五，流量決定了我們的工作時間。她讓我們週末加班，但可以給到足額的加班費，或安排調休；三餐時間，她安排我們跟播，只要成交，都有提成——多勞

多得，也很公平。

團隊裡有個年輕女孩，剛畢業，認為這個女上司不好相處，她覺得每次強制加班，給加班費時的態度像是恩賜，於是決定離職。

我想，在工作關係中，上司是否與你「好相處」並不重要，只要她思路清晰，對工作有明確的規劃，項目肉眼可見地在往前推進，決策失誤時及時轉身，利益分配公平，已經是很好的上司了。

我的上司每天堅持晨跑 10 公里，在一家公司待足 7 年，有頭腦、有定力、熬得住，是我很欽佩的人。她也很賞識我，我們共事的那段時光，全然是創業模式，每天都非常辛苦，但覺得充滿了希望，直播間人數從個位數慢慢漲到了五位數，這是我們熱愛且認為有意義的事業。

後來，公司遷址，我每天往返通勤要 3 小時，對身心都是一種巨大的消耗。儘管上司幫我申請了學校宿舍，但宿舍

吵鬧，無法安心寫作，因此我忍痛割愛，放棄了那份工作。

　　直到如今，我依然從事電商行業，一如既往地把身邊資源無條件地對接給她，她對我也如此。

　　後來我與前夫打官司，她還幫我聯絡當地的律師。

　　她是我最喜歡的一位上司，沒有之一。

04

　　我曾有兩年時間，活在與上司關係的焦慮裡。

　　這個上司是我的伯樂，千方百計把我從另一家公司挖過來，因為我學歷不夠，因此費了不少周章。

　　我入職時，公司效益很好，福利待遇優厚，我深感現世安穩，躋身中產。

　　沒想到疫情來臨後，行業凜冬突至，全公司利潤下降80%。

上司每天都會請我去辦公室，大吐苦水，一聊就是一下午，中心思想大概就是「我不惜一切代價，招你進來為公司創造收益，但你帶來的利益遠低於公司大盤的虧損，部門岌岌可危，而我，毛將焉附」。

客觀而言，公司整體虧損並非我一人所造成。相反，在我從事的業務板塊，業績還在持續、緩慢地增長。但當時的我深深背負上司帶給我的焦慮，覺得是我自己不夠好，所有的責任都歸咎於我不努力、沒能力。

我焚膏繼晷地加班，到年底更沒日沒夜，持續一周每天加班到凌晨 4 點，甚至暈倒在工位上；我不敢跳槽，因為上司對我說「年近 30，大齡未育，入職就會休產假，沒人願意聘用你這樣的員工」……就這樣日復一日地打壓，使我深以為然，也把自己看得很輕。

他一聲令下，我調了很多次崗，從業務到營銷到行政，又做了幾天新媒體，後來更是幾乎包攬了部門所有的雜活，

上司對我的輕蔑顯而易見，那些見風使舵的同事，也對我頤指氣使。

這位上司比我大將近兩輪，總是以「父輩」自居，一切都是打著「為我好」、「鍛煉我」、「給我機會」的旗幟，深度參與我的生活，對我的戀情永遠持否定態度，或許是擔心我結婚生子後耽誤工作；了解我家裡所有人的職業，希望借用我家裡的資源，被我婉拒後幾番嘲諷、頗多微詞……但年少的我深信他的諄諄教誨，奉為圭臬。

關於辭職的拉扯，來來回回持續了一年。原本我考上了國內知名的某媒體中心，他卻不想放我走，說「人才還是要留下」，於是我自願放棄入職，但留下的那一年，我卻沒有拿到一分錢的年終獎。

我總是做惡夢，夢裡我又搞砸了一切，面臨著「公司吊銷營業執照、員工本人終身不得從業」的嚴懲……

最終離職後，我倍感輕鬆，一場漫長的壓迫終於結束，

我立即拉黑了這個上司，生怕再被他抓去「談心」。

那是我最好的青春，有精力，有夢想，有熱望，但它們都在那些冗長的會議裡，變得灰撲撲、濕漉漉的，潦草收尾。

失敗的婚姻、錯誤的職業，那幾年我過得黯然失色，後來有人問我：「你那麼有才華，為什麼甘心做這些普通的工作？」

我總想起那位「父輩」上司對我溫水煮青蛙式的打擊，我說：「能安安穩穩、順順利利地從事一個普通的工作，已是一種福氣。」

如果我當時更有力量，我會在入職之初，樹立起自己的邊界感。

若是同道中人，可以在工作關係之外建立私交；若道不同，工作之外最好別有交集，否則你的軟肋暴露在一個意欲打壓你的人面前，那將是一種災難。

人與人之間的了解，未必會帶來親密，還可能會帶來毀

滅。

　　我應該把和他的交流，限定在工作範圍之內，只做分內本職，只探討工作議題，至於他的焦慮、情緒、職場矛盾，是他自己需要處理的事。畢竟我的薪資，不包括解決上司的情緒問題。

05

　　前段時間，我給現任上司發了封郵件，起因是和我搭檔的一個同事，屢屢搞不定自己的工作，這位同事是公司創始人的親戚，上司礙於情面不能批評她，但到了交付時間必須做出項目方案，於是著急之下遷怒於我。

　　他情緒洶湧，我沒有反駁，只是安安靜靜地聽他批評，然後都回答「好」。

　　第二天，我給他發了一封郵件。

第一步，解釋昨天他提及的幾件事，重新彙報了工作的具體進度，讓他知悉，並說明我之前已經彙報過，但對他工作繁忙，可能難免忘記，我表示理解。

第二步，我非常坦誠地告訴他，希望我們在工作中就事論事，我做錯的，你批評我，我認，而且會馬上改正；我沒做錯的，請不要讓我承受不必要的情緒壓力。

第三步，我談到這份工作對於我的意義，我寫道：

我希望這是一份長期的工作，我和你可以長期共事，也希望你了解我是一個怎樣的人，可以怎樣用我、管理我，來使工作效益最大化。

在當下的年齡和處境，我對工作、對人生的全部希望，就是盡可能開心——工作會使我開心，解決問題也使我開心。為了達到這個目標，**我會盡可能多承擔一些職責，讓我周圍的同事開心，因為我讓別人不爽，別人一定會讓我不爽。**

　　資本家認為，員工偷懶是天性，普遍沒有內驅力，你得一直敦促他、抽鞭子，他才能行動。然而，我卻不是那樣的。「鞭策」不會使我進步，你不批評我，本職工作我一樣會去做，會努力；你無端批評我，我反而會心生逆反，從而降低效率，導致雙輸。

　　我本身很喜歡你這個人，我也相信你會是一個很好的上司。但你可能不了解我，也不知道我遇到的困境。我告訴你，是希望我們都能找到更合宜的工作方法，都能相對開心地把工作做了、把錢賺了，這不就是工作最高的境界嗎？

　　我在工作中沒有多餘的情緒，不會向我的下屬發洩情緒，也不能接受上司向我發洩情緒。很多事情我做不到左耳進、右耳出，這也可以稱為「職場玻璃心」。雖然玻璃心，但我有自己的能力，它足以在這個職場讓我站穩腳跟、給大家帶來價值的能力。一言以蔽之，相信我，別罵我，我能辦，就這樣。

　　收到我的郵件後，上司開始跟我談及目前管理的難題，我也努力想辦法幫他解決，目前尚無其他不良後果。

　　我是怎樣的人，無法接受怎樣的管理，長久共事下去，他遲早會知道。

　　如果他接受不了我的耿直，說明大家並不合適，那麼轉崗或者去做其他業務線，也都宜早不宜遲。

　　而我因為在崗位上足夠努力，曾經做出過比較亮眼的成績，終於為自己換來了一定的話語權。

　　歷經無數次入職、離職，我好像終於摸索出一套向上管理的方法論——了解你的上司、接受他們也有缺點、勇於求助、樹立邊界、真誠表達你的需求……最重要的是，在職場中，你要成為一個真正能為他人創造價值的人。

　　擁有一技之長和不可替代性，才能相對舒適地立於不敗之地。

要愛具體的人，不要愛抽象的人；
要愛生活，不要愛生活的意義。
——杜思妥也夫斯基

輯四

很多事情不需要意義

一輩子那麼長，誰沒愛錯過？

在我結婚前，曾掏心掏肺地愛過兩個男孩。然而，無一善終。

我早熟，小學時已讀完《瓊瑤全集》，初中時的唯一愛好，是讀言情小說。

彼時，圖書市場遠不似如今蓬勃，市面上能買到的所有言情類雜誌、圖書、漫畫，沒有一本缺席過我的青春。

白天飽受數理化的冷眼與摧殘，夜晚走進書頁間，那個粉紅色的夢幻世界，簡直是我精神支柱般的存在。

那時的我，是一個相信童話、多愁善感、深夜垂淚的少女。

15歲，中考結束，我直升了校本部的高中，我的少女時

代，終於撲面而來。

01

　　高一新生報到那天，初秋的北方，陽光很好，我認識了一個男孩，他幾乎改寫了我的命運。

　　他身高一米九，愛打籃球，物理成績很好，我們坐前後桌。

　　我所在的城市不大，我們恰好住同一小區，我校向來以「課業繁重」著稱，每天晚自習結束已近深夜，途經空無一人的街道，我有點害怕，於是，我們就自然而然地開始一同上下學。

　　那時好像每天都在一起，清晨，將醒未醒，我在自行車棚等他，他總起晚，我就陪他一起遲到；為校門口繁茂的丁香駐足，看深秋的銀杏給整座城市鍍了金，每逢五月，槐花

香飄十里……結伴路過人間的那些年，是我少女時代裡最動人的畫面。

雪天路滑，我不敢騎車，我們走路去學校，到校時，早自習已經過去了一半。

他說，趁班主任不備，我們趕緊溜進去。

可惜他低估了自己龐然的體積，還有同學們起鬨的程度。

終於等到老師背著手，踱步到教室最後，我們乘機衝進去，全班哄堂大笑，老師一回頭，六目相對。

大約年深月久，記憶油膏反覆塗抹，回首向來，只覺美好，只覺開心。

每次考試，他總是考第一。

令我暈頭轉向的物理課，他卻天賦異稟，連老師都講得比較吃力的難題，他走上講臺，一根粉筆，一行公式，三言兩語，就能講明白。

　　文理分科前，忘了所為何事，我們吵過一架。那次之後，我就轉去學文了。

　　我們之間的最後一句話，是他說：「有跟我爭吵的時間，你不如拿去好好學習。」

　　我想，他大約喜歡更優秀的女孩，於是在文科班，我拼了命努力，成績從吊車尾，一躍成為年級第一，原來的老師、同學瞬間都跌破眼鏡。

　　成為更好的人，不為看到更大的世界，也不想被世界看見，只想得到他的認可──我配得上。

　　後來，我們和好如初，他去日本做交換生，給我帶回一個杯子；去上海旅遊，送我一面小鏡子；過虎年，給我買了一對碩大無比的老虎爪子手套……他送過我許多小禮物，沒什麼特別的理由，只是走在路邊看到了，想起我，就買下──往後多年，我不願扔，也不敢看。

　　我愛韓劇《My girl》，他給我發短信，寫道「You are my girl」。我一向輕信，少時更是天真，以為一句話，就是一輩子。

　　我那時想，17歲時在身邊的人，70歲仍在身邊，是一件非常酷的事。

　　我也堅信，縱然世事變遷，山長水遠，等到70歲，我們定會彼此陪伴。

　　少時的感情分分合合，糾纏了許多年，從中學到大學，我們都聰明又驕傲，許多話不願明說，我相信我們之間有著誤會。

　　不然，為何前一週還對我說「非你不娶」的人，下一週就不接我電話，發訊息說有了新女友呢？

　　相隔兩地，望著這一行字，我心痛如絞，輾轉難眠，在宿舍樓下的長椅上泣不成聲。

　　我從未想過，有朝一日會失去他，餘生所有的人生規劃

都與他有關。

大廈將傾，亦看不到前路。

那個愛讀言情小說、相信童話、多愁善感的小女孩，在這一夜突然死去。

為什麼有人可以如此輕易地參與另一個人的人生，然後又輕率地、頭也不回地半途離場？

慶山說：「真正的情投意合，是關於忠貞的唯一承諾，是小心翼翼珍惜、保持純度燃燒。」

沒想到，這忠貞的承諾，終歸只我一人當了真。

我想我這顆心，再也不可能完整了。

凌晨 4 點，我倔強地回覆：「那就祝你幸福啦！」

挨過漫漫長夜，第二天，我在學校就出事了。

也因此，我從香港中文大學被迫退學。

後來得知，他與新女友情誼甚篤，讀研讀博，定居美國；而我飽受文憑之苦，求學無門，北上打工，顛沛半生。

我們連手都不曾牽過，他卻改變了我整個人生。

自我留給他那句祝福後，我經歷的山呼海嘯，他絲毫不知情。

02

等到我 25 歲，距離我們的相識，已過去整整 10 年。

10 年的時間，也該放下了。

當我準備好開始一段新的關係時，正在讀在職研究生，結識了一位學長。

他長我 5 歲，彼時已過而立，是一名刑警，當過兵，雙目炯炯，一身正氣，抓捕罪犯不惜命，立過三等功，是我們市的模範青年。

他給我看他抓捕時的街頭監控，嫌疑人手持一截鋼管，騎摩托車闖關，他赤手空拳就撲上去，把嫌疑人按倒在地。

我問他：「疼不疼？」

後來他說，別人都稱讚他「很帥」，只有我問他「疼不疼」。那一瞬，他希望我會是他未來的妻子。

他每個週末開車 40 公里來我家，接送我上下學；原本要執勤，卻和同事換班，陪我跨年；我不會做飯，他總擔心我吃不好，沒課的時候，就給我做飯、送飯；我家裡的熟食、零食、罐頭，吃都吃不完，他說工作太忙，難得有空，只要一進超市，總惦記我沒東西吃，得給我多囤一點；我學不懂《行政法》，他耐心地給我講了一遍又一遍……

我爸媽不大樂意我們在一起，因為他的職業太過危險，他說過幾年就申請調崗。

生性樂觀的人，總能記得旁人對自己的善待。

在他蹲守抓捕的夜晚，我因為提心吊膽而失眠，知他無法回覆，便等到東方既白，任務結束，他向我報平安。

年度體檢，他心臟出了一點問題，我請假陪他去醫院。

　　我們從來不是真正的情侶，但我卻在很用力地愛這一個人。

　　我以為，我終於得救了。

　　直到某天，我舊疾復發，倒在工位，同事把我背回家，給他打電話，他拒絕來探望。

　　在那之前，他已和我失聯一週。

　　我放下了少女時期的高傲與自尊，苦苦追問。終於，他向我坦誠：「前女友懷孕了，我得回家了。我們結束吧！」

　　他口中的「前女友」，竟還與我同班。

　　我想，她肚子裡懷著他的孩子，還要親眼看著他與我言笑晏晏，全班皆知他日復一日地接送我，一定很難過吧⋯⋯

　　愛情大約就是很難很難，好運也不總是站在我這一邊，是我癡心妄想，才渴望徒手摘星。

　　愛過的人、愛錯的人，我認，我不怨。

　　你別蹙眉，我走就是。

03

我很喜歡電影《春嬌與志明》，春嬌說：「一輩子那麼長，誰沒愛過幾個渣男。」

她說得那樣輕盈、灑脫，讓我以為就算曾經愛過渣男其實也沒什麼。

直到我更年長一點，才逐漸醒悟——愛錯，最嚴重的「後遺症」，是你不再相信。

他們闖入你的世界，讓你以為人間值得，讓你相信有枝可依，然後扯下一部分的你，生生離去。

真正愛過、信過一個人，卻猝不及防地被迫失去，那種感覺實在太痛了。

總有人會說，沒關係，遇人不淑，換人就好。

但所託非人，擊碎的，是你對愛情、對另一個人的信任。

你變得小心翼翼，變成驚弓之鳥，所有受過的傷都化為

鎧甲，無論怎樣靠近，都看不見你的軟肋；你開始進退自如，遊刃有餘，因為你知道，無論誰離開，明天的太陽照常升起，你的生活總會繼續；你不敢憧憬長久，生怕又一次全情投入，滿盤皆輸。

愛情、親密，從來不是「愛我圓滿」，而是「愛我破碎」。

但這個破碎的我，被我藏起來了，我不信另一個人，不會再賜我傷痕。

我不怕遇不到更好的人，只是在那些艱難的日子裡，最好的我、單純篤信的我，已經用完了。

有多少愛可以重來？

本文是《那些懸而未決的心意，交給時間》的後續，該文收錄於《允許一切發生》一書，感興趣的讀者可前往查閱，未讀前文，亦不影響閱讀本篇。

01

與他重逢時，她已經過了 30 歲，而他卻依然年輕。

多年以前，他們在意大利米蘭相識，他是她朋友的學弟。一天，她突然遇上小偷，聽聞消息，立刻趕來救她。

也許是心理學所講的「吊橋效應」，人在身處險境時，通常會把生理性的心跳加速誤認為是愛情。

在那個薄寒的異國秋夜，在他說了那句「別怕，跟我走」後，她竟不可救藥地愛上了他。

很多年以來，她一廂情願地等著他回國。趁她出差，去到他的鄰國，問他能不能來見面。

他說不確定，到她快回國時，他才說，他在期末考試，恐怕來不及了。

她比他年紀大，彼時已是人們口中說的「剩女」，但心卻還是滾燙的。她默默地等著他，直到他有一天說，我不會再回國了。

於是，她開始相親。美麗聰慧，家境優渥，工作體面，她如果想結婚並不難。

結婚之前，她給他打了電話，他問她為什麼要和不愛的人結婚：「難道是怕孤單嗎？孤單的話有朋友，難道有我還不夠嗎？」

他只是拿她當朋友，一向都是如此，她心知肚明。

　　她想說卻沒說出口的話是：因為我愛的人，不會和我結婚。

　　沒想到過了幾年，他突然回國了，放棄了學業，也沒有上過班，一無所有。

02

　　他們在一幢老屋重逢，說了許多話。

　　闊別多年，她依然愛著他，哪怕他現在一無所有。

　　但她卻什麼也沒說，什麼也沒做，她想，愛是想觸碰又收回的手。

　　見過兩面之後，他鼓起勇氣向她表白，還寫了一封情書，有一句話是「我害怕你接受只有 50 分的餘生，請由我來為你增添 40 分吧！」

　　收到情書那天，她就立刻收拾好行李，擬好離婚協議

書，帶著一身孤勇，來到他所在的城市。

真可笑，他只是朝她笑了笑，她就恨不能把命都給他。

由於她賠了很多錢，因此離婚很順利。她是世界上頂天真、頂浪漫的人，為了愛情，甘願奮不顧身。

她非常喜歡電影「愛在」三部曲，男女主角宿命般地在火車上相遇，永遠有說不完的話，之後卻不幸失聯；多年後再次重逢，彼此心動依然，男主角為女主角選擇離婚，放棄一切只為與她相守──像極了他們之間的故事。

她在事業上肯拼，所以很有錢，即便因離婚損失不少財產，仍小有積蓄。她對很多世俗的東西都不在意──名譽、金錢、物質，這些都無所謂，她只想被愛。

他們剛在一起時，她是那樣開心，雖然過著最樸素的生活，卻沒有絲毫的疲憊和緊繃。

她從前坐最新款賓士，戴卡地亞鑽戒，在一線城市寸土寸金的地方，也有好幾處房產，但她是那樣不快樂。

　　如今，她騎單車上下班，他沒有駕照，也不愛開車，而她沒有戶口買不了車。但她樂意過學生時代的日子，雖然辛苦，但蓬蓬勃勃，生龍活虎，彷彿重回人間。

　　她看向他的眼神裡，滿是星光。

　　是她給予的愛，為愛人鍍上了金身。

　　那個在 KTV 裡，邊落淚邊唱《有多少愛可以重來》的女孩，終於遇見了她最想守護的、可以重來的愛情。

　　她在日記裡寫道：「能與你相戀，我為從前抱怨過的命運不公之類的每一句話，深感抱歉。」

03

　　為了靠近他，她離開奮鬥了 10 年的一線城市，來到一座二線小城，工資減半，而且沒有保險。

　　從前她的年薪 30 萬人民幣，換城市的第一個月，只掙

到 3700 人民幣。

他媽媽不許她住在他們家，她只能在外邊自己租房住。她給他發消息，說生活艱難，他無動於衷，依舊不找工作，兩人約會、旅遊的花費，他心安理得地讓她來買單。

因為離婚賠錢，他並不開心，她也能理解。如果不花這些錢，他們的生活本可以更寬裕一點。表白那天，他說，先把財產轉移，再提離婚，可她卻一刻都等不了地飛到了他的身邊。

她說：「我愛著你，卻和另一個男人共同生活，這對所有人都不公平。」

他說：「我不介意。」

過了很久，他嫌見一次面要坐很久的公交，她才得以恩准入住，不必繼續租房。

她感到一陣難過。前臺的小妹妹月薪不多，每天只想著下班去哪兒吃飯，新做的美甲又掉了一片漆。她從不需要考

慮生活的壓力，也不希望出人頭地。她只希望在七夕收到花，男朋友會接她去吃一頓燭光晚餐，然後看一場有爆米花的電影。

她想，這樣普普通通的人生，或許從未屬於她。

前夫是一個沒有心的人，只想找個人結婚，條件合適，年紀到了，就結了，沒多少感情，自然也就不花什麼心思。

她本來以為，離婚是為了追求幸福。但新男友卻是一個沒有長大的大孩子，只希望過得輕鬆，生活的擔子從來不曾落在他的肩上。

每次約會，她帶著他去，定好餐廳，點好菜，付好錢；看電影，選好片，買好票，看完後聽他吐槽浪費了生命中的兩小時；去旅遊，她訂好票，做好攻略，他還要抱怨她點了太多菜，浪費錢。

在一起一年多後的某一天，她和他去吃樓下的一家燒烤時，問他：「我愛吃什麼？」

他說：「我不知道。」

戀愛紀念日不過，生日禮物也沒有，他甚至不記得第一次對她說「我愛你」，是在怎樣的情境之下。

他根本不記得哪天向她表白，因為這個日子對他來說，並沒有那麼重要；他會在她生日前夕，發愁地抱怨「還要給你準備生日禮物，不知道該選啥，太麻煩了」；他會把他媽媽對她表示的輕蔑，原封不動地轉達給她——「你這個二婚的身分，不好向我們家親戚解釋」；他不上班，她想讓他陪著去出入境中心辦護照，他說，我不想去；為了掙更多錢，她同時打很多份工，他在家做家務，卻並不情願，總是質問她為什麼不能分攤一點……

但她還是愛他，所以一次次地告訴自己，他還小不太懂事呢！自己能和深愛這麼多年的男生在一起，應該感恩。

在她眼裡，他那樣優秀，留學 10 年，會說 5 國語言，能看得上自己，已是幸運。

04

命運的轉折，從她的一次生病開始。

她小時候曾經受過腰傷，如今每天騎行 10 公里，對腰部的負擔很重。

為了多賺一些錢，她大齡轉行，換了工作，進入全年無休的大廠，同事都是二十出頭、剛畢業的小年輕。她一邊努力學習、適應，一邊還要在外面做兼職。

而他是那樣年輕，精力旺盛，也不工作，每天上午 11 點才起床，熬夜看比賽、打遊戲，她總是陪著他。

高強度的工作，不健康的作息時間，讓她的身體很快就開始吃不消了。

在又一次幾乎要令人昏厥的劇痛後，同事把她送去醫院，確診了腰椎間盤突出。

她的第一反應，是給他發微信：「千萬別告訴你媽媽。」

喪失了賺錢能力的離異女性，只會更加被人輕視。

躺在病床上，同事悄悄告訴她，上司擔心她年紀大了，身體又出了問題，過兩年說不定還要休產假，在暗中謀劃想給她調崗降薪。

民營企業就是一個個小型資本帝國，利益至上，這些她完全能理解。

她問他：「我要是好不了，永遠臥病在床，你怎麼辦？」

他說：「肯定能好的。」

他第一次主動給她買了「禮物」——腰部固定器、可升降辦公桌、瑜伽墊。

他說，以後你就可以站著工作了，下班以後勤加鍛煉，肯定能好。

但他沒說，假如你身體當真垮了，我來養家。

05

幾年前的一天,她收到了閨密的一封信。

閨密大她幾歲,原來是工作上的合作夥伴,陪她一起度過了許多艱難時光。但兩人之間不同的是,閨密有一個非常愛她的老公,24 歲相識,相戀 3 年後結婚。結婚數年,兩個人幾乎從未吵過架。婚後,閨密不再上班,在家相夫教子,與她的交集逐漸減少,只是偶爾會和她小聚見面。

她卻是晚婚,而且嫁人後,總是感覺不開心。

她一直都很羨慕閨密,有一個真正愛自己的人。於是,閨密某天給她寫了一封信,那時她並不懂得其中的真意。

親愛的,你真的是一個閃閃發光的人,你一定要從內心去認可這一點,「看見」這一點。你經歷了那麼多,卻自始至終都沒有好好地愛過自己,一直將信念寄託在男人身上,想從他們那裡找到你值得被愛的理由。你覺得自己一個人會

無助，想拼命抓住一個人陪你，為你遮風擋雨。哪怕風還是會來，雨還是會撲向你，但是你覺得，哪怕有個人和你在一起，你就不會感到害怕。

但是，當你把「愛你」的權力交給別人時，你卻是被動的、無助的、流離的，一旦對方不再愛你，你就會失去支點，重重地跌落。你應該學會好好地愛自己，堅信自己值得被愛，別害怕單身，別擔心未來，別懊悔過去，過好當下就足矣。

你或遲或早，一定會成為一個，連你自己都相信的、閃閃發光的人。

她一直在向錯誤的人索要愛，他們自己都不愛自己，怎麼可能愛她呢？

她把自己所有的愛，都一股腦傾倒給對方，愛得洶湧真摯，卻獨獨沒有愛過她自己。

所以，在這段關係的尾聲，他最終說道：「我不夠愛你，也不是一個負責任、有擔當的男人。如果我是的話，當年就

不會放棄學業回國。我對自己尚且不負責任，更何況對別人？說愛你，是我言重了，我沒有考慮到你會為此而放棄什麼，我只是當時想說，便隨口說了。為了維繫我們兩個人的關係，你離婚、換城市、換行業、做副業、努力掙錢、爭取落戶，我卻什麼都沒做。而我，既不想努力，也不想成為誰的依靠，更不夠愛你。你若想讓我改變，我可以答應，也有這種意願，但我不敢保證能改多少。我之前就說過，我就是一個這樣的人，是你太愛我，才把我變成了神。」

她霎時失語，僵在了原地。

她捧出一顆不懂計較的真心，到頭來，卻換得千瘡百孔，一具殘軀。

他從前不愛她，往後也不會愛她，唇齒相碰的所謂「誓言」，不過是一時的情緒表達，又或是為己謀利的一種手段。

他只是怕孤獨、怕辛苦，選擇她，是因為和她在一起，生活可以變得更容易，而她卻以為那是愛情。

那麼多人勸她擦亮眼睛看清，她生就一顆七竅玲瓏心，在職場，是最通透清醒的人，搞得定大客戶，降得住上下級。然而，在面對他時，卻眼瞎了。

她潸然淚下，對他說：「愛你，是我不自量力。」

06

20 歲時，她寧折不彎，為人鋒利，屬剛毅果敢的女子，過著大起大落的生活。

上天不公，她與天鬥；惡人當道，她替天行道；命運多舛，她絕不低頭。為了想要的人生，逢山開路，遇水搭橋，神擋殺神，佛擋殺佛。

35 歲時，她決定不再對抗了。

她讀懂了《道德經》裡「人之生也柔弱，其死也堅強。草木之生也柔脆，其死也枯槁……強大處下，柔弱處上。」

人，活著時身體柔軟，死後軀體僵硬；生草柔軟，枯草堅硬。

對愛情，對命運，她開始懂得低頭，懂得迂迴，也懂得放下身段。

不要傲慢，不要輕敵，不要急迫。

愛，既然強求不來，索性就放過自己，不必過於執著。

她幻想過一百種生活，都與他有關。

她已經訂好了攻略，攢好了錢，年底辭掉工作，明年就帶他去環遊世界；她想和他生一個小孩，養一隻狗，若他父母不同意就不登記，也不辦婚禮；只要他對她說「我愛你」，她就做好了與全世界為敵的準備。

但他的那番話，戳破了她對愛情、對所謂「90 分餘生」全部的想像。

其實，只要他一直不說，她就還能自欺欺人，錯把廉價的討好當成真愛，繼續用「他只是太年輕」的藉口騙過自己。

可惜，她病得如此不合時宜。

一念及此，她便無法抑制地淚流滿面。

他有時會遞紙巾給她，但也僅此而已。

他們之間的交流愈發稀薄，相顧無言，只有大段大段的沉默。

家，就像一場無聲電影。

她彷彿再度回到孤島，一個人看展，一個人遛達，一個人去醫院。

從他家搬走的那天，風和日麗，他去找自己的高中同學，她收好行李，把鑰匙放在茶几，然後默默地離去。

像她來時一樣，沒有拖沓，不留痕跡。

耳機裡，單曲循環著薛之謙的歌：

像風一樣

你靠近雲都下降

你卷起千層海浪，我躲也不躲往裡闖

你不就像風一樣

侵略時沙沙作響

再宣佈恢復晴朗

就好像我們兩個沒愛過一樣

……

　　他會有新的女朋友，新的生活圈子，會如他父母所願，和身家清白的年輕女孩結婚生子，只是這一切都與她無關了。

　　無論如何，曾經相愛過，總是值得感激的。

　　她看周國平的書，書裡有這樣一句話：「人在世上是需要有一個伴的，有人在生活上疼你，終歸比沒有好；至於精神上的豐富和幸福，只能靠你自己，無人能奪走你內心的寶藏。確實有一些女子做了這個選擇，找一個疼自己的男人結

婚，精神交流雖少，但能和睦相處。這不是最好的選擇，但可以算得上次好。」

再過幾年，她就要 40 歲了，依然孑然一身。不知道這一生，還有沒有機會，過一個哪怕「次好」的人生。但她很認同，精神上的豐富和幸福，外求不來，只能靠自己。

佛陀臨終時勸誡眾生：自以為燈，自以為靠，自以為島嶼。

生如長河，唯有自渡，沒有人可以真正依靠，我們終歸要學會關照自己、珍惜自己、善待自己。

該吃飯時好好吃飯，該睡覺時好好睡覺。

她很快就回到了正常的生活軌道，也依然相信卓別林先生的那句話：人生近看是悲劇，遠看都是喜劇。到最後，什麼都會有。

什麼樣的女性適合姐弟戀？

01

近幾年，姐弟戀逐漸成為熱門的婚戀選擇，我身邊也有一些優秀女性，選擇了比自己年紀小的男生作為伴侶，他們之間的年齡差也是越來越大。

我查閱了網絡上關於姐弟戀的一些文章和文獻，發現我們依然很難把它當成一種愛情，而是更多地把它當作一種利益交換。

一個粉絲百萬級的專業心理學公眾號，對於姐弟戀的分析，仍把原因全部歸因於性需求。

我想這是不公平的。

　　年輕男孩沒有被當成獨立、獨特的個體去尊重和考量，而有被物化和工具化的傾向。

　　更有人以具體的出生年份，代稱每一個弟弟——「98的」「02的」，他們變成沒有姓名和血肉的模糊個體，被戲謔地「數字化」。

　　倘若我們把姐弟戀視作真正的愛情，而非一種女權凝視下的供需關係，會發現適合姐弟戀的女性，應當具備如下特徵。

02

　　首先，女性應當真正接受性別平等，甚至理解男性的弱勢，並欣然接受。

　　在我們幾千年的文化土壤裡，「男耕女織」、「男主外、女主內」、「嫁漢嫁漢，穿衣吃飯」是亙古綿長的主流價值，

而在姐弟戀這種關係中，女性因年齡更長，生活閱歷、社會資源、情緒成熟程度都遠高於男性，面對一個不成熟、不穩定、缺乏資源的「弟弟」，女性能否發自內心地，給予真正的愛與尊重呢？

我的某些女性朋友是無法接受的，無法接受男人賺錢比她們少，在經濟上更多依賴女性。女人養家糊口，男人操持家務，依然是會被大多數親友輕視的兩性關係。

時代車輪滾滾向前，但「男人就應該請客吃飯」、「男人不買貴重的節日禮物就是不愛你」這些歷史遺留觀念，依然根深蒂固，許多被美化的男性特徵——會賺錢、晉升快，依然保留著原始社會的審視。

能放下對男性經濟價值要求的女性，才值得擁有一段美好的姐弟戀，否則大可不必做此嘗試。

但與此同時，男性也應當真正地欣賞和尊重女性，接受她們精神上更獨立、思想上更成熟、事業上更成功、不受傳

統觀念控制、花更少時間處理家庭瑣事。

　　我認識的男生也有因為「不想努力，她可以讓我過上更輕鬆的日子」這個原因，而和年長成功的女性談戀愛，這是對自己的自輕，而不是愛情。

　　而另一些人，表面上喜歡更成熟也更成功的「姐姐」，但真正過起日子，卻還是期待一個能照顧自己飲食起居的「母親」，甚至「保母」的角色；一方面希望她們負責養家糊口，另一方面希望她們符合傳統妻子的形象，要對婆家做小伏低，對女性真正的獨立和思想避之不及。既要這又要那，這是貪心。

　　這樣的男性不應該選擇姐弟戀，甚至不應該選擇一個獨立女性作為終身伴侶。

　　但有些狡猾的人很善於偽裝，甚至謊稱自己是女權主義者，內心卻從未尊重和愛過女性。

03

其次，女性應該放棄「完全被對方理解」的期待。

上野千鶴子說：「存在年齡差距的人際關係，無論對方是什麼性別，考驗的都是我們的器量，單純從經驗和訊息的儲備來說，我們和對方的能力有天壤之別，對方無法像我們理解對方一樣理解自己……年長的女性，必須放棄年輕女性常有的『請理解我』的認可欲求。」

姐姐經過 10 年江湖浪打，已對職場洞若觀火，弟弟則剛出校門，待人接物都還是學生氣，想法難保不會過於天真。

她已走過他即將踏上的道路，對弟弟的行為，可預測，可理解，可提點一二，反之則不現實。

強行要求年紀更小、社會經驗更少的男性成熟、睿智，強行把他的思維拉扯到更高層級，是不切實際的。

女性如果有此期待，也會活得很累。

再來，女性應該允許任何變數發生。

不是每一段戀情都會善始善終，姐弟戀的分手風險或許更大。

在姐弟戀的關係中，男性年紀更輕，心智也更不穩定，而女性則已定心定性。如果生孩子在自己的人生規劃內，還不可避免地會有生育焦慮。

一個真正內心強大、情緒穩定、共情能力強、拿得起放得下的女性，可以在這段關係中，欣賞男生的單純、激情、活力，才能迸發出真正的愛，也可以把姐弟戀談得更輕鬆、更純粹。

如果女性總是想用「我年紀大了，需要一個承諾」來綁住對方，男性總是用「我還年輕，沒有實力結婚」來搪塞拖延，兩人最終都會精疲力盡。

有這種想法的雙方不該選擇「姐弟戀」。

好的「姐弟戀」，是女性能給予對方足夠的自由，成長

的自由，選擇的自由，享受相愛的每一刻，而不應該時時刻刻為婚姻焦慮、為生育焦慮；而男性，也能體諒女方的生物時鐘、社會時鐘在步步逼近，因此想要給予對方長久的承諾。

　　一方應該以信任之心不限制自由，另一方應該以珍惜之心不濫用自由。

04

　　最終，姐弟戀能否幸福、長久，最終衡量的依然是你面前的這個人，而非一個年齡符號。

　　心理學上有一種觀點認為，在親密關係中的兩個人，如果三觀更一致，行為更互補，就是非常合適的一對。

　　兩個人三觀是否一致，可以從以下 6 個維度去判斷：

誠實謙遜 VS 浮誇虛假

高情緒化 VS 低神經質

外向 VS 內向

隨和 VS 嚴肅

高盡責 VS 低盡責

樂於接受 VS 拒絕改變

　　兩人在這 6 個方面越接近，三觀也就越趨於一致。

　　比如，兩個高情緒化的人，溝通更容易；而兩個內向者，則更有可能互相理解。

　　但在實際生活中，往往是易燃易爆炸的人，擁有一個遲鈍、淡漠、共情力差的伴侶，兩人屢屢因此爆發激烈衝突；外向者帶領內向者參加聚餐宴會，一方委曲求全，一方只覺掃興。

　　這些皆源於兩個人三觀迥異，相處起來也更加辛苦。

　　此外，除了三觀以外，兩個人在處事風格方面越不同，

越能互補，則越可以在生活中發揮各自的優勢，一起迎接生活的挑戰。

兩個人的處事風格，可以從以下四個方面來衡量：

思維方式：關注細節 VS 關注大局
決策方式：關注潛在收益 VS 避免損失和犯錯
做事方式：發起任務 VS 完成任務
社交方式：交新朋友 VS 保持朋友

例如，一個冒險型的丈夫和一個保守型的妻子共同生活，大概率不會因為一方過於激進而損失太多財產；一方發號施令，而另一方負責執行，則可以讓家庭生活有序推進。

三觀一致，行為互補，可以說是最合適的伴侶。但完美的伴侶畢竟只是少數，還有更多的人在親密關係中需要不斷磨合和成長，最終變成適合彼此的人。

　　決定一段愛情關係是否幸福的，只有人對不對才是最重要的，無論哪個年齡段都一樣。

　　但我也不否認，姐弟戀或許會比兩個同齡人的戀愛更加辛苦，因為女性需要更多智慧和引領，也更難被對方理解和支持。

　　但倘若當真能夠遇見一片赤誠的少年之心，真心無價，也很值得。

靈魂伴侶當真存在嗎？

　　年紀漸長，見過許多愛情的模樣，聽過不少動人的誓言，最終卻發現，真正美好的愛情，未必轟轟烈烈、海誓山盟，而是細水長流、潤物細無聲。

　　我最傾慕的伴侶，是錢鐘書和楊絳。

　　在疾病、戰火、生離死別中，他們相濡以沫長達 66 年。

　　沒有驚天動地的愛情傳說，只有彼此陪伴、體諒、執手一生，跨過荊棘坎坷，也走過花好月圓。

01

　　兩人戀愛時，錢鐘書獲得公費留學資格，那時楊絳還尚

未畢業，但考慮到錢鐘書不善打理生活，她毅然放棄學業，與錢鐘書結婚，同去英國。

在國外，為了節省開支，也為了騰出更多時間讓錢鐘書學習和寫作，楊絳從十指不沾陽春水的大小姐，到心甘情願地洗衣、做飯、煲湯，樣樣俱做。

她說：「我一生都是錢鐘書生命中的楊絳。這個任務非常艱巨，使我感到人生實苦。但苦雖苦，也很有意思。」

錢鐘書雖然經天緯地，學富五車，在生活上卻拙手笨腳，活脫脫像一個大孩子，時時處處需要楊絳照料。

楊絳從不惱，反倒愛著、護著他身上這團「癡氣」。因為她深知，錢鐘書的孩子氣，恰恰是他才華與詩性的源頭。

在牛津時，楊絳懷孕了。

楊絳住院期間，錢鐘書一人在家，經常做錯事，有時候打翻墨水瓶，把房東的桌布染了；有時候不小心把檯燈砸了，還把門軸弄壞過，門也關不上。

若換作旁人，大概多有抱怨：「我在醫院生孩子，你還在家添亂！」

楊絳卻一向溫柔寬慰：「不要緊，我會洗」、「不要緊，我會修」。

錢鐘書評價楊絳時，結合「妻子」、「情人」、「朋友」三個不可思議的角色於一身。

楊絳從未寫過「你是人間四月天」這樣驚豔的告白，但一句簡單的「不要緊」，包含著無限寬容，感人至深。

02

許多女性都會抱怨家務多，幹活累，大都因為丈夫不知體諒。

然而，錢鐘書知楊絳辛苦，疼惜她的付出，寫了一首《贈絳》。

卷袖圍裙為口忙，朝朝洗手做羹湯。

憂卿煙火薰顏色，欲覓仙人辟谷方。

大意是說，夫人為飲食起居，操持不易，想尋一個仙方，不吃飯，不讓煙火薰染她的容顏。

錢鍾書絕不是口頭心疼，而是盡己所能分擔家務。

楊絳在《我們仨》裡寫道：

我入睡晚，早上還不肯醒，早飯總是拙手笨腳的鍾書做。我們吃牛奶紅茶，他燒開水，泡上濃香的紅茶，熱了牛奶，煮好老嫩合適的雞蛋，用烤麵包機烤好麵包，從冰箱裡拿出黃油、果醬放在桌上。我才起床，和他一起吃。

為妻子做一頓早飯不難，但錢鍾書一堅持就是 50 多年，直到身體抱恙，做不動了，才停了下來。

　　20 世紀 70 年代的北京，家家戶戶開始用煤氣罐做飯了。
一天早晨，錢鐘書照例端上早飯，楊絳問：「誰給你點的火
呀？」

　　錢鐘書就像個等待表揚的小孩，得意地說：「我會劃火
柴了。」

　　每當楊絳憶及此事，不禁熱淚盈眶：「他生平第一次劃
火柴，為的是給我做早飯。」

　　日子久了，終究要回歸一蔬一飯的細水長流。

　　這些疼惜、體諒與感恩，才能抵得過漫長的時光。

03

　　沒有哪對夫妻不吵架，錢鐘書和楊絳也不例外。

　　他們曾為一個法文讀音大動干戈，楊絳說錢鐘書帶鄉
音，錢鐘書不服。

　　越親密的人，越知道彼此的軟肋，各自說了許多傷感情的話。後來，邀請法國夫人公斷，結果證明楊絳是對的。

　　錢鍾書輸了，自不開心，楊絳贏了，卻覺無趣。

　　兩人事後商定「以後遇事各持異議，不必求同，沒有爭吵和彼此傷害的必要。」

　　此後幾十年，他們再也沒有吵過架，遇事兩人商量著解決，也不全依錢鍾書，也不全依楊絳。

　　歌裡唱道：「相愛總是簡單，相處太難。」

　　年輕時，我們時不時會對最親密的人歇斯底里，以為那些撕扯的、糾纏的、疼痛的才是愛。但真正的愛，其實就是好好說話，是能在憤怒想要發洩時，忍住脫口而出的傷人之語。

　　愛是忍讓，是妥協，是捨不得。

　　餘生那麼長，你放心把自己交給我，我怎麼忍心去傷害你。

04

十年動盪，知識分子都受到了巨大的衝擊。

在那個年代，太多夫妻像影片《霸王別姬》裡演的那樣，大難臨頭各自飛。

可錢鐘書和楊絳，在最艱苦的日子裡，從未放開彼此的手。

他們一同上下班，手挽手，肩並肩，不怕批鬥，也從來不與對方「劃清界限」，寧可雙雙受苦、受辱，讓批鬥他們的人也由衷敬服。

兩人被下放，為見丈夫一面，楊絳每天都要跑很遠的路，到離錢鐘書比較近的菜園會面，忙裡偷閒地曬太陽、談心，彼此慰藉，泅渡苦難。

默默無言地相伴與扶持，勝過千言萬語。

後來，楊絳被下放到河北，兩人徹底見不到面了。

女伴悄悄問楊絳：「你想不想你老頭兒？」

楊絳說：「想。」

錢鐘書也想她，勞作之餘，他偷偷寫信。楊絳的貼身襯衣、背心口袋裡都塞滿了他寫的信。

她說，那是她收到的最好的情書。

牛棚生活、勞動生活，兩人吃盡了苦頭。彼時，太多學者不堪重負，沒能熬到光明來臨的那一天。

幸好他們擁有彼此，相濡以沫，一路扶持，最終挺了過來。

團聚後，錢鐘書說：「從今以後，你我二人只有死別，再無生離。」

05

「我們一生坎坷，暮年才有可安頓的居處。但老病相催，

人生道路已走到盡頭。」

　　1994 年，錢鐘書肺炎入院，又查出腎功能衰竭，此後便一直住院。

　　1996 年，錢鐘書與楊絳唯一的女兒錢瑗，被確診為肺癌晚期。

　　楊絳寫道，「世間好物不堅牢，彩雲易散琉璃脆。」

　　怕錢鐘書擔憂，她對女兒的病情守口如瓶，獨自一人承受悲傷。

　　錢鐘書不能進食，楊絳每天做各種水果泥、蔬菜泥、肉泥，還用針把魚刺一根根挑出來，做成魚肉泥餵他吃。

　　錢鐘書和女兒住在相隔甚遠的兩所醫院，85 歲的楊絳每天奔波兩地，越發消瘦，越發憔悴，幾乎累垮。

　　她說，「我只求比他多活一年。照顧人，男不如女，我盡力保養自己，爭求『夫在先，妻在後』。」

　　然而，她還是沒能留住這兩個她心愛的人。

1997 年，女兒離世。1998 年隆冬，錢鐘書離世。「我覺得我的心被捅了一下，綻出一個血泡，像一隻飽含熱淚的眼睛。」

痛失至親，讓楊絳肝腸寸斷。

「鐘書逃走了，我也想逃。但我不能逃，得留在人世，打掃現場，盡我應盡的責任。」

憑藉「替鐘書活著」的信念，楊絳後來獨自生活了近 20 年，整理丈夫遺稿，發表他沒來得及公諸於眾的學術成果。

在錢鐘書曾奮筆疾書的寫字臺上，楊絳堅韌地完成了丈夫全部學術遺物的整理工作，《錢鐘書手稿集・中文筆記》《管錐編》等偉大巨著相繼出版。

這對伉儷一世深情，相戀相守 66 年，走過戰亂，越過疾病，經過政治風暴，跨過生離死別，始終執子之手。

　　真正的靈魂伴侶，不是轟轟烈烈的海誓山盟，而是歲月長河裡的潤物細無聲，愛你的才情與稚氣，驕傲與虔誠，愛你勝過愛生命。

　　就算時間從頭再來多少次，就算青絲變作白髮，滄海化了桑田……

　　那個初夏，我依然會對你一見鍾情。

30 歲後，想要的人生清單

擁有健康的體魄，有一項喜歡、擅長、可以長期堅持的運動。輔助藥物和按摩、針灸，期待鼻炎能被慢慢治癒，腰椎、頸椎病不再復發；不熬夜，不失眠，每晚能睡得安穩，盡量減少心悸頻率；每年複查增生結節；近視維持在 500 度以下。

和喜歡的、欣賞的人一起生活，每天醒來都有所期待。平和地溝通，不吵架，盡可能互相理解和寬容，每天都有互動、聊天的時間，每晚一起吃晚餐、散步，週末一起做飯、做家務、郊遊、運動、短途旅行，永遠有話可說，高質量地彼此陪伴。

多曬太陽，多親近自然，經常爬山、看海，和大自然在一起。

少發脾氣，少動怒，做一個安靜、波瀾不驚的女子，盡量少有激烈的喜怒哀樂。

去埃及、美國、日本、冰島旅行；去延吉、柳州、舟山、貴陽旅行。

過一種簡單、安寧、平靜的日常生活，沒有過多社交，遠離繁華和複雜的關係網絡，只和親密的、喜歡的家人、朋友在一起。

持續讀書和寫作，保持質疑、批判和思考，但接納人格獨立，精神自由，認知水平不斷提升。

擁有兩個小孩，一個像我，一個像我愛的男生。

將生活的宏大命題化繁為簡，認真感受每一個晨昏、每一個季節、每一年、每十年的循環往復，認真生活，吃好每一餐飯，喝好每一杯水，讓每個親近的人，在我身邊的時刻都能感到愉悅和寧靜。

做一個真正可以幫助他人的人，作家、博主或者講師，引領更多迷茫的青年找到人生方向。

真正與童年和解，與過往和解，與原生家庭和解，放過自己，坦然接受所有的求而不得、鎩羽而歸和曲終人散。

環遊世界！

（未完待續……）

後記：寫給未來女兒的信

妳好，小姑娘。

雖然還不知道妳現在在哪裡，甚至連妳爸在哪裡都還未知，但我是如此期待妳的到來。

我從 16 歲起就盼望將來能擁有一個小女孩，陪她成長，給予她愛，甚至取好名字——夏安，生如盛夏熱烈，唯願此生長安。

我了解母女之間那種深深的羈絆，正如我深知，我人生所有的幸福，都源於我有一個好媽媽，所有不幸也是。

這麼說聽起來有些大逆不道，但我生命中每一個錯誤的重要抉擇，皆因我太想讓我媽滿意、放心，最終卻都屢戰屢敗。

　　女兒，我不想我們之間的關係，像我和妳外婆一樣，如此緊密也如此沉重。

　　我想我們之間的關係會更加輕盈，也更加鬆弛，妳可以成為妳自己，去妳喜歡的城市，做妳想做的事，愛妳想愛的人，而不用總是擔心這麼做「我媽會不開心」。

　　妳可以漂到離家很遠的地方，如果妳願意，北歐、北美、澳洲、南亞……天下之大，如果遇到一個妳喜歡的城市，不管是為了旅行、留學、移民，都是可以的；如果妳就喜歡天津，和我一樣，那麼一輩子生活在媽媽身邊，我也歡迎。

　　妳可以穿裙子，也可以剪平頭，如果有一天，妳說只喜歡女孩子，妳想獨身，想頂客，我也都欣然接受。

　　我知道，孩子天性都是純良的，父母的過度擔心，才是對孩子最大的阻礙。

　　只要妳和自己喜歡的一切待在一起，我就永遠為妳開心。

我只盼望，妳永遠能「有得選」。

很難想像妳會是一個怎樣的小孩，或許像我一樣——倔強、魯莽、愛自由，又或許和我截然相反。

性格沒有好壞之分，什麼樣的都可以接受，但我期待妳可以做到真正的獨立。

獨立是為自己的人生做決定，不要被外界的聲音所干擾。

男女平等是時代的進步，但到了我們這個時代，我總覺得有些矯枉過正。

我的閨密，33 歲，單身，經常深夜 emo。每當談及擇偶標準，她都說「必須每天開車接送我上下班」，自己卻沒有駕照；她希望男方在她的家鄉有房，小城房價不貴，但她工作了 11 年卻沒有一點積蓄；她要求男方身材高大有腹肌，自己卻管不住口腹之欲，體重年年攀升……

　　我很想反問她，既然房子不貴，妳又那麼渴望，為什麼不考慮自己去買呢？

　　如果她是我的女兒，內心這樣痛苦、糾結、內耗，我該有多心疼呢？

　　女兒，妳當然可以對另一半有所要求，但我希望妳在要求別人的同時，先看看自己手裡有什麼。

　　人的痛苦來自嚴於待人、寬以律己，「想要」從來沒有錯，但妳要用自己的雙手來掙，如果妳總是被動等待別人的贈予，那就是把人生的選擇權拱手相讓，也把快樂的主動權交給了別人。

　　我的生活很簡單，物欲稀薄，知足常樂，沒那麼多想要的東西，所以人生會容易一些，也快樂一些，我不知道妳會是怎樣的人，但人始終要學會自洽。

　　妳野心繁盛，就去努力拼搏，妳不想辛苦付出，就主動降低期待。千萬別想要一切，卻指望別人替妳去實現，那就

很難快樂起來。

汲汲以求自己能力之外的事物，就是貪。貪嗔癡，都不好。

作家茨威格曾經說過：「所有命運餽贈的禮物，都在暗中標好了價格。」對這句話，我深以為然。

即便有人願意幫妳完成夢想，妳也會為此付出另外一些代價。這世上最遙遠的路，名叫捷徑。

有人說，婚姻就是一場豪賭。想要上賭桌，妳得先有底牌才行。

媽媽會努力成為妳的一張還算過得去的底牌，但媽媽能做的非常有限。

妳要擁有很多智慧，才可以過一個相對平穩的人生，此外還需要一些運氣。

在遇到妳父親之前，媽媽曾經有過一段失敗的婚姻，這

沒什麼好丟臉的。但媽媽祈禱，在擇偶這件事上，妳可以更幸運一點。

如果妳沒有那麼好運，也像我一樣，愛上了一個錯誤的人，因為他，就以為愛情不過如此、以為人生盡是苦難時──妳也別怕，回家就是了。

妳外婆從沒跟我說過這句話，我心裡怨恨過她，所以我明白。

沒有人能永遠保持完美、正確，我一生都在不斷犯錯，從這些錯誤中，我得到的唯一教訓，就是別害怕犯錯。

勇敢的人未必快樂，但怯懦的人一定不會快樂。

當妳想往前探一步的時候，只管去做。縱身躍下萬丈深淵，也有可能是鵬程萬里。

愛過的人、做過的夢，努力去追，哪怕追不上，妳也不會感到遺憾。但如果妳選擇退縮，那才是真正的遺憾。

假如妳選錯了，家裡會永遠為妳點亮一盞燈，溫一碗粥。

妳要記得，家永遠是妳的底氣和退路，媽媽永遠站在妳這一邊。

如果被不公平地對待，要發聲，要還擊，忍負不會讓壞人止步。

沒人能以愛之名輕視妳、控制妳、傷害妳，如果有人帶給妳這樣的感受，記住，這不是愛，要盡快遠離。

好的愛人會讓妳覺得自己很珍貴，如果沒有這樣的人，也別怕孤獨，別怕老之將至，妳老了肯定也會很可愛，媽媽會努力鍛煉身體，爭取多陪妳幾年。

最終妳要搞定的，是和生活、和自己的關係，照顧好自己人生的能力，不論有沒有另一半，這都是妳一生的功課。

見證過愛情的陷落，我卻從未對愛失去信心。

我期待妳的到來，所以會努力為妳找到一個合格的父親。

他一定要善良、忠誠、堅定：善良才會不傷害，忠誠才能有擔當，堅定則成事機率大。

我小時候沒說過「以後要嫁給像爸爸一樣的男人」，希望妳可以。

希望妳的爸爸真正愛妳、懂妳、尊重妳，把妳視為獨立於我們的生命個體，尊重妳作為女性的價值，是妳前進時的榜樣，也是妳轉身時的退路。

希望妳永遠有肩膀可以依靠和哭泣。

最後，媽媽想對妳說，妳一定要愛自己。

如果妳不知道該怎麼做，請妳像此刻的我一樣，假裝自己有個女兒，想像自己會怎樣對待她，妳就怎樣對待自己。

願妳快樂，願妳平安，縱使吾兒愚且魯，無災無難已是福。

——妳未來的媽媽

人生是用來體驗的
不是要演繹完美的

作　　者｜李夢霽
美術設計｜點點設計 × 楊雅期
插　　畫｜陳川玉
特約編輯｜謝米
總 經 理｜李亦榛
特別助理｜鄭澤琪

出　　版｜樂知事業有限公司
電　　話｜（02）2755-0888
傳　　真｜（02）2700-7373
網　　址｜www. sweethometw.com
Ｅｍａｉｌ｜sh240@sweethometw.com
地　　址｜台北市大安區光復南路 692 巷 24 號 1 樓

發　　行｜聯合發行股份有限公司
地　　址｜新北市新店區寶橋路 235 巷 6 弄 6 號 2 樓
電　　話｜（02）2917-8022

印　　刷｜晨暄有限公司
電　　話｜（02）8221-7100

初版一刷｜2025 年 1 月
定　　價｜360 元

人生是用來體驗的, 不是要演繹完美的/李夢霽作. --
初版 . -- 臺北市：樂知事業有限公司, 2025.01
216 面；14.8 × 21 公分
ISBN 978-626-97564-6-9(平裝)
1.CST: 自我實現 2.CST: 人生哲學
177.2　　　　　　　　　　　　113015275

本書中文繁體版由四川一覽文化傳播廣告有限公司代理，
經北京欣夢享文化傳媒有限公司授權出版。